Michael Debus

Lebenskrisen und Lebensdramatik

Michael Debus

Lebenskrisen und Lebensdramatik

Hinführung zu den Mysteriendramen
von Rudolf Steiner

Verlag am Goetheanum

Der Verlag am Goetheanum im Internet: www.VamG.ch

Einbandgestaltung von Philipp Tok unter Verwendung eines Fotos von Jochen Quast

Satz: Höpcke, Hamburg
Druck: Druckhaus Nomos, Sinzheim

ISBN 978-3-7235-1424-5

Inhaltsverzeichnis

Geleitwort 9
Vorwort 12

Im Umkreis der Mysteriendramen
Die Faust-Dichtung Goethes 14
Goethes Märchen von der grünen Schlange und der schönen Lilie 21
Der Münchner Kongress 1907 – Geisteswissenschaft «belebt ihre Vorstellungen künstlerisch» 27
Das Künstlerische ist immer konkret 29
Das Rosenkreuzermysterium 35
Michael 38

Die Pforte der Einweihung
Urbilder und Personen 43
Der «strebende Mensch» in den Mysteriendramen . 47
Maria 50
Erstes – drittes – siebentes Bild
Johannes 56
Erstes und drittes Bild
Lazarus-Johannes 58
Untertauchen 63
Erstes – zweites – drittes – achtes Bild
Maria und Johannes 65
Siebentes Bild
Der Tempel 67
Fünftes und elftes Bild

Die Prüfung der Seele
Nachspiel zur «Pforte der Einweihung» 73
Johannes – Capesius – Strader 76
Capesius 78
Erstes Bild
Marias Prüfung 83
Zweites und drittes Bild
Johannes und Luzifer 85
Drittes und zwölftes Bild
Strader und der Wiederverkörperungsgedanke . . . 87
Viertes Bild
Rückschau in das 14. Jahrhundert 90
Fünftes bis zehntes Bild
Die Templer und das Böse 95
Siebentes Bild
Verarbeitung der Rückschau 97
Zehntes – elftes – zwölftes Bild
Der Sonnentempel 99
Dreizehntes Bild

Der Hüter der Schwelle
Rosenkreuzerische Prinzipien treten in die öffentliche Mitteilung ein 100
Erstes Bild
Im Vorsaal der Rosenkreuzer 103
Erstes Bild
Der Irrtum 108
Zweites Bild
Nachklang des 14. Jahrhunderts 111
Erstes und zweites Bild

Über die Schwelle. Strader 113
Viertes und fünftes Bild
Über die Schwelle. Capesius 118
Sechstes Bild
Über die Schwelle. Thomasius 120
Zweites, drittes, siebentes und achtes Bild
Ablösung im Tempel 127
Neuntes und zehntes Bild

Der Seelen Erwachen
Für anderes Wirken gefordert –
eine menschengemäße Industrie 131
Erstes Bild
Hilarius Gottgetreu 135
Das Schicksal der «Dreiheit» 145
Zweites und viertes Bild
Die Weltenmitternacht 147
Fünftes und sechstes Bild
Im ägyptischen Tempel 150
Siebentes und achtes Bild
Zukunftsimpulse aus dem Erinnern
der Weltenmitternacht. 152
Neuntes – zehntes – elftes Bild
Straders Tod 153
Zwölftes – dreizehntes – vierzehntes – fünfzehntes Bild

Anhang
Der Tempel öffnet seine Pforten 156
Im Text zitierte Literatur 158
Weiterführende Literatur (Auswahl) 160

Geleitwort

Rudolf Steiner beschreibt, dass wir als Menschheit heute im Zeitalter der Bewusstseinsseele leben. Durch die Bewusstseinsseele wird es dem Menschen möglich, sich zu emanzipieren, d. h. von der Welt abzusetzen. So kann das Schicksal «persönlich» erlebt werden. Aber auch noch tiefere Dimensionen erschließen sich durch sie. Nicht umsonst nennt Rudolf Steiner in seinem Buch «Theosophie» die Bewusstseinsseele die «Seele in der Seele». Sie ermöglicht dem Menschen, sich mit wesentlichen Werten des Lebens in Beziehung zu setzen und sich diese zu eigen zu machen. So beginnt er, die Kraft der Emanzipation auf sich selbst zu richten und sich selbst wie einem Fremden gegenüberzustehen. Wenn das gelingt, verändert sich die Beziehung zur Welt. Sie beginnt, mehr und mehr sich als Innenerfahrung auszusprechen. Die Beziehung zur Welt vertieft sich. In einer der Spruchdichtungen, die Rudolf Steiner zu diesem Thema gegeben hat, drückt er das so aus: «Erkennt der Mensch sich selbst, wird ihm das Selbst zur Welt; erkennt der Mensch die Welt, wird ihm die Welt zum Selbst.» Es entsteht eine Art Spannungsfeld zwischen Selbst und Welt, oder, wie es in diesem Buch beschrieben wird, zwischen Persönlichem und Überpersönlichem. Aus dem persönlich erlebten Schicksal kann der Mensch sich in Beziehung setzen zu dem, was er als seine Aufgabe im Leben empfindet. Wenn diese Art von Beziehung entsteht, werden Initiativkraft und Verantwortungsgefühl im Menschen angesprochen. Davon sind die Mysteriendramen Rudolf Steiners ein Zeugnis.

Als wir den Zyklus der Mysteriendramen vom 29. Juli bis 1. August 2010 am Goetheanum ins Auge fassten, haben wir überlegt, wen wir für begleitende Vorträge zu den Dramen fragen könnten. Ich erinnerte mich an ein Gespräch mit Michael Debus, in dem er mir erzählte, dass er am Priesterseminar, der Freien Hochschule der Christengemeinschaft in Stuttgart, mit den Seminaristen der oberen Semester die Mysteriendramen Rudolf Steiners behandelte und auch szenenweise zur Aufführung brachte. Davon war ich nicht nur beeindruckt, sondern auch begeistert! Sind doch die Mysteriendramen Rudolf Steiners literarisch-künstlerischer Beitrag, durch welchen das menschliche Schicksal in seiner Komplexität und karmischen Dimension unmittelbar zugänglich und erlebbar wird. Eine solche Seminararbeit scheint mir ein nicht leichtes, aber wichtiges Unterfangen, weil die Dramen etwas im Menschen ansprechen, das nicht einfach vorhanden, sondern erst zu entwickeln ist. Es geht um etwas, das als soziale Grundforderung unserer bewegten Zeit empfunden werden kann.

Als Michael Debus dann die Vorträge hielt, wurde mir mehr und mehr deutlich, wie dabei diese tiefere und zu entwickelnde Seite der Bewusstseinsseele bei den Zuhörern angesprochen wurde. Dies wurde noch verstärkt, indem in diesen Beiträgen prägnant auf die am Vortag schriftlich gestellten Fragen eingegangen wurde. Eine Art Dialog entstand. Die Mysteriendramen konnten sich so in einer Weise offenbaren, dass die Besucher sich mehr und mehr in ihrem eigenen Schicksal angesprochen fühlten.

Während dieser Tage wurde mehrmals die Bitte ausgesprochen, die Beiträge auch in schriftlicher Form zu bekommen. Ich bin Michael Debus sehr dankbar, dass er darauf eingegangen ist und auf diese Weise das vorliegende Buch zustande kam.

Das Buch lädt dazu ein, sich mit dem Wunderwerk der Mysteriendramen zu verbinden. Möge es eine Hilfe sein auf dem Weg der Selbst- und Welterkenntnis!

Paul Mackay

Vorwort

Die vorliegende Arbeit ist entstanden aus Vorträgen, die im Sommer 2010 einen Aufführungs-Zyklus der Mysteriendramen am Goetheanum begleitet haben. Das Anliegen dabei war, ausgehend von den konkreten Erfahrungen, die der Besucher der Dramen auf der Bühne des eigenen Lebens durchmacht, eine Hinführung zu geben in das entsprechend konkrete Leben der Personen in den Dramen, die auf der Bühne des Theaters das Mysterium ihrer Biografie «handelnd erleiden und leidend erhandeln» (Morgenstern). Eine in irgendeiner Weise «systematische» Einführung war dabei nicht beabsichtigt.

Das gilt auch für die vorliegende Schrift. Sie wendet sich an Menschen, die schon eine, wenn auch vielleicht erst anfängliche Beziehung zu den Mysteriendramen Rudolf Steiners entwickelt haben, indem sie von ihnen auf irgendeine Weise «berührt» worden sind, sei es auf der Bühne, durch die Lektüre oder auf anderen Wegen. So darf eine gewisse Vertrautheit mit den Personen und Handlungsabläufen in den Dramen vorausgesetzt werden, wie auch mit gewissen Grundvorstellungen der Anthroposophie, die unlösbar mit den Mysteriendramen verbunden sind, wie beispielsweise *Wiederverkörperung und Karma*, die *Schwelle zur geistigen Welt*, *Luzifer und Ahriman* – um nur einige zu nennen.

Es gibt viele Zugänge zum Kosmos der Mysteriendramen, jeder ist letztlich persönlich. Die einzelnen Überschriften nennen den jeweiligen Zugang zum Ganzen, darunter sind dann im Allgemeinen die einzelnen Szenen angegeben, die zu diesem Thema in einer besonderen Beziehung stehen. Es gibt übergreifende Themen, die vielleicht unerwartet sind, wie *Hilarius Gottgetreu.* Und es gibt vielleicht erwartete Themen, die fehlen, wie etwa *Benedictus.* Das hängt mit dem gewollten Verzicht auf das «Systematische» zusammen.

Der Verweis auf bestimmte Szenen erfolgt in der vereinfachten Form von zwei Ziffern, die das Drama und das jeweilige Bild angeben. So bedeutet beispielsweise «II,7»: «Zweites Drama (*Die Prüfung der Seele*), siebentes Bild».

Zum Schluss möchte ich einen herzlichen Dank an Paul Mackay aussprechen, der den entscheidenden Anstoß gab, das mir fern Liegende doch zu tun und mündliches Wort in Schriftwort umzuwandeln.

Michael Debus

Die Faust-Dichtung Goethes

Der moderne Mensch kann ein Gefühl dafür entwickeln, dass sein volles Menschsein nicht einfach schon eine gegebene Tatsache ist. Er weiß dann auch, dass es dazu seines eigenen Beitrags bedarf und er in Wahrheit nicht einfach Mensch *ist*, sondern unterwegs *auf dem Weg* zu sich selbst. J.W. von Goethe nennt und charakterisiert dieses Unterwegs-Sein als «Streben». Es ist ein Schlüsselwort bei ihm für alles, was mit Menschwerdung zusammenhängt. In der Gestalt des Faust schafft er das Urbild des modernen, «strebenden» Menschen. Das Ziel dieses Strebens ist innere Autonomie und Freiheit – das Erreichen des Ziels nennt er *Erlösung.*[1] Von diesem Drama des modernen Menschen nehmen Rudolf Steiners Mysteriendramen ihren Ausgang. Er selbst lebt in gewisser Weise dieses Drama und in seiner Biografie gibt es Elemente, die man «faustisch» nennen könnte. Ein Hinweis findet sich etwa in einem Brief, in dem er über die Entstehung seines Buches *Die Philosophie der Freiheit* schreibt: «Zunächst wollte ich die Biografie einer sich zur Freiheit emporringenden Seele zeigen. Man kann da nichts tun für jene, welche mit einem über Klippen und Abgründe wollen. [...] Willkürlich, ganz individuell ist bei mir manche

1 «Gerettet ist das edle Glied der Geisterwelt vom Bösen, wer immer strebend sich bemüht, den können wir erlösen» (Faust II, 5. Akt, Bergschluchten).

Klippe übersprungen, durch Dickicht habe ich mich in meiner nur mir eigenen Weise durchgearbeitet. Wenn man ans Ziel kommt, weiß man erst, dass man da ist.»[2] Diese Worte könnte auch Goethe seinen Faust, jene «sich zur Freiheit emporringende Seele» sprechen lassen! Es soll deshalb zunächst einmal der Blick auf die entscheidenden Weg-Stationen des Faust gerichtet werden.

Das Drama nimmt seinen Anfang in Fausts Studierzimmer. Er hat alles Wissen seiner Zeit aufgenommen, aber es hat ihm keine Freiheit gebracht. Im Gegenteil: er erlebt sein Studierzimmer als Gefängnis: «Weh! steck' ich in dem Kerker noch? Verfluchtes dumpfes Mauerloch ...» Die Befreiung aus diesem Gefängnis geschieht mit Hilfe des Mephisto, dem «Geist, der stets verneint». Stufe für Stufe schreitet nun diese äußere Befreiung voran um den Preis einer neuen Abhängigkeit, die Faust mehr und mehr zuwider ist: «Großer herrlicher Geist [...], warum an den Schandgesellen mich schmieden, der sich am Schaden weidet und am Verderben sich letzt?» – Jede Befreiung, die sich nur auf Verneinung gründet, ist eine Illusion und schafft neue, stärkere Abhängigkeiten und Unfreiheit. So findet sich Faust in der letzten Szene wieder im Kerker – nicht er selbst, aber die Geliebte ist dort angekettet. Er kann sie nicht retten, sie wird am Folgetag hingerichtet werden. Die Befreiung Fausts durch den Geist der Verneinung hat eine Schreckensbilanz hervorgebracht: die Mutter der Geliebten ist vergiftet, der Bruder der Geliebten erstochen, das gemeinsame Kind ertränkt und die Geliebte selbst wird hingerichtet. Nach der literarischen Vorlage der Faustsage verfällt Faust deshalb der

---

2 Brief an R. Mayreder vom 4.11.1894, GA 39.

Hölle, denn zu jener Zeit gab es für die befreite Persönlichkeit noch keinen Raum. Hier setzt Goethe an mit dem zweiten Teil des Faust – ganz aus sich heraus und ohne irgendeine Vorlage. Den wesentlichen Schritt muss Faust nun selbst tun. Um wirklich frei zu werden, genügt die einfache Befreiung nicht – es bedarf einer zweifachen. Die erste mit Hilfe des Mephisto zieht unweigerlich Schuld nach sich. Es muss ihr die zweite folgen, das Frei-Werden des Faust von Mephisto. Dafür gibt es keine Hilfe mehr von außen. Mephisto muss zwar – dienend – noch den Weg weisen, aber dann muss der Mensch diesen Weg allein gehen. Im Drama ist es der Weg zu den «Müttern». Es ist der Weg ins «Nichts», wie ihn Mephisto beschreibt:

Kein Weg! Ins Unbetretene,
Nicht zu Betretende. Bist du bereit? –
Nicht Schlösser sind, nicht Riegel wegzuschieben,
Von Einsamkeiten wirst umhergetrieben.
Hast du Begriff von Öd' und Einsamkeit? …

Und hättest du den Ozean durchschwommen,
Das Grenzenlose dort geschaut,
So sähst du dort doch Well' auf Welle kommen,
Selbst wenn es dir vorm Untergange graut.
Du sähst doch etwas. Sähst wohl in der Grüne
Gestillter Meere streichende Delphine;
Sähst Wolken ziehen, Sonne, Mond und Sterne –
Nichts wirst du sehn in ewig leerer Ferne,
Den Schritt nicht hören, den du tust,
Nichts Festes finden, wo du ruhst.[3]

---

3 Faust II, 1. Akt, Finstere Galerie.

Für den gewöhnlichen Menschen ist «Nichts» das Ende von allem, der völlige Verlust von dem, was man «hat» und eben verlieren kann. Und wenn man seine Hoffnungen, seine Freunde oder schließlich sogar sein Leben «verliert»? Was bleibt «übrig»? Mephisto sagt: «Nichts!» Auf der Stufe, die Faust erreicht hat, wird eine andere Antwort möglich. Wenn man alles verliert, was man «hat», bleibt allein das übrig, was man «ist»: Ich bin. Das Ich des Menschen kann sich mit allem identifizieren, aber es kann auch alles wieder loslassen und einen «neuen» Anfang oder – lateinisch – *Initium* machen. Alles kann der Mensch verlieren – was ihm immer bleibt, ist die Möglichkeit des Neu-Anfangs, der *Initiative.* Deshalb kann Faust dem Mephisto die Überwinder-Antwort geben: «Nur immer zu! Wir wollen es ergründen, in deinem Nichts hoff' ich das All zu finden.» Das anerkennt Mephisto sogar: «Ich rühme dich, eh' du dich von mir trennst, und sehe wohl, dass du den Teufel kennst.»[4] Der strebende Faust wird das Ziel der inneren Autonomie und Freiheit finden, er kann zuletzt «erlöst» werden, so wie es der Chor der Engel verkündet: «Gerettet ist das edle Glied der Geisterwelt vom Bösen; wer immer strebend sich bemüht, den können wir erlösen.»[5]

Damit ist der zweite Teil des Faust, der erst posthum veröffentlicht wurde, zu Ende. Ist das Gesamtdrama des Faust damit schon abgeschlossen? Goethe hat keinen dritten Teil mehr geschrieben – aber die offen gebliebenen Fragen sind unübersehbar: Faust ist mit schwerer Schuld beladen – der Preis für die erste Befreiung, um derentwillen er sich mit dem «Bösen» verbunden hat. Ein ungewöhnliches Bild des «erlös-

4 Ebd.

5 Faust II, 5. Akt, Bergschluchten.

ten» modernen Menschen lässt Goethe so entstehen: «frei aber schuldig». Vielleicht haben die Zeitgenossen Goethes das so aufgefasst, dass mit dieser Erlösung auch die Schuld getilgt sei. Aber wenn Goethe den alten und weise gewordenen Faust ganz bewusst noch unmittelbar vor seinem Tod neue Schuld auf sich laden lässt[6] um seiner Ziele willen, kann das als Hinweis verstanden werden, dass Faust seine Schuld mitnimmt. Was geschieht damit? Zur Zeit Goethes konnte der dritte Teil des Faust-Dramas noch nicht geschrieben werden, denn das wäre nur unter Einbeziehung des Reinkarnationsgedankens möglich gewesen. Faust wäre dann in einer nächsten Inkarnation den Menschen wieder begegnet, an die er durch Schuld gebunden ist. Seine Arbeit wäre dann nicht mehr *Landgewinnung* gewesen, wie am Schluss des Faust-Dramas, sondern *Aufarbeitung* der Schuld in den menschlichen Beziehungen. Dafür wären unendlich viele Formen und Möglichkeiten denkbar – eben alle Möglichkeiten des vollen Lebens.

Jede Aufarbeitung aber ist ihrem Wesen nach eine Neuschöpfung. Friedrich Benesch hat das so ausgedrückt:

«Die wirkliche Wahrheit ist nicht die Wahrheit,
sondern der überwundene Irrtum.
Und die wahre Wirklichkeit ist nicht die Wirklichkeit,
sondern die überwundene Illusion.
Und die wirkliche Reinheit ist nicht die ursprüngliche Reinheit,

6 Er lässt zu, dass einem alten Ehepaar ihr Stück Land, das er seinen Ländereien einverleiben möchte, mit Gewalt genommen wird und sie dabei den Tod finden.

sondern die geläuterte Unreinheit.
Und das wahrhaft Gute ist nicht das ursprünglich Gute,
sondern das überwundene Böse.»[7]

In ähnlicher Weise könnte man sagen: «Liebe ist nicht eine ursprünglich mitgebrachte Zuneigung zu einem anderen Wesen, sondern aufgearbeitete, überwundene Schuld.» Dann wäre Schuld zum «Rohstoff» geworden für einen tief greifenden sozialen Prozess. Ob wir es uns bewusst machen oder nicht: wir «schulden» uns immer gegenseitig etwas, auch wenn wir im bürgerlichen Sinn am anderen Menschen nicht «schuldig» geworden sind. Man ist vielleicht eher geneigt zu sagen: wir «verdanken» uns gegenseitig vieles. Aber einem Menschen, dem ich vieles verdanke, dem «schulde» ich eben auch vieles. Es gibt letztlich keine individuelle Entwicklung, die nicht auf die eine oder andere Weise «auf Kosten» von anderen Menschen geht. Man darf das niemals «wollen» – aber, das gehört zu den Paradoxien des strebenden Menschen: man kann es auch nicht vermeiden. Man kann es nur in Freiheit anerkennen. Daraus erwachsen «in Freiheit» auch Verpflichtungen: man fühlt, dass man mit anderen Menschen sich in einem gemeinsamen «karmischen Netz» erleben kann, das Menschen verpflichtet, verbindet und trägt. Je bewusster dieses Netz wird, desto deutlicher werden neue Formen von Gemeinschaft entstehen. Die Wahrheit eines schwierigen Satzes kann sich anfänglich erschließen: *Schuld kann zum Rohstoff werden für neue Gemeinschaften.* Vielleicht ist es wichtig zu betonen, dass Schuld nur «Rohstoff»

---

7 Hans-Werner Schroeder, *Friedrich Benesch – Leben und Werk*, Stuttgart 2007, S. 218.

ist, nicht das Fertige. Und zwischen dem Rohstoff und dem fertigen Kunstwerk liegt Arbeit – oft eine lange und krisenreiche Phase der Mühe.

Davon handeln die Mysteriendramen Rudolf Steiners. Der Reinkarnations- und Karma-Gedanke sind die Voraussetzung für ihre Entstehung. Der erste und zweite Teil von Goethes Faust zeigt das Drama des strebenden Menschen, der zu sich selbst findet. Das ist der «männliche» Aspekt der Menschwerdung, der Aspekt des handelnden und verursachenden Menschen. Aber damit ist immer noch nicht die ganze Freiheit errungen. Es fehlt noch der letzte Akt der Befreiung, der zunächst wie im Widerspruch zur Freiheit zu stehen scheint: das Erleiden der *Folgen* – aber nicht passiv, sondern in aktiver *Tätigkeit.* Erst wenn man sich mit den Konsequenzen seiner Handlungen bejahend und aktiv verbinden kann, wird man wirklich frei. Das ist die dritte Befreiung. Michael, der Erzengel der Autonomie und Freiheit des Menschen, ist der eigentliche Genius dieser dritten Befreiung. Rudolf Steiner charakterisiert ihn so: «Er lebt in den Folgen des von den Menschen Geschaffenen. Die anderen Geister leben mehr mit den Ursachen, Michael lebt mehr mit den Folgen. Die anderen Geister impulsieren im Menschen dasjenige, was der Mensch tun soll. Michael wird der eigentlich geistige Held der Freiheit sein.»[8] Das würde der Inhalt sein des ungeschriebenen Faust dritter Teil und ist der Strom, aus dem Rudolf Steiner die Mysteriendramen geschaffen hat.

8 GA 233 a, 13.1.1924.

Goethes Märchen von der grünen Schlange und der schönen Lilie

Wir sagten, Goethe habe noch nicht den Faust dritter Teil schreiben können, weil dafür die Zeit noch nicht gekommen war. Man kann aber doch sagen, er habe etwas von dem, was ihm zu dramatisieren nicht möglich war, in den zarten Bildern eines Märchens fassen können. Schon 1795, fast 40 Jahre bevor er den zweiten Teil des Faust abschloss, veröffentlichte er dieses «Märchen von der grünen Schlange und der schönen Lilie». In Rudolf Steiners Biografie spielte die Beschäftigung mit Goethes Märchen eine zentrale Rolle, denn: «Man ist mit einem Erleben dieser Goethe'schen Schöpfung im Vorhof der Esoterik.»[9] Aus diesem «Erleben» der Goethe'schen Schöpfung ist schließlich 1910 das erste Mysteriendrama *Die Pforte der Einweihung* hervorgegangen. Man kann den Weg verfolgen, den Rudolf Steiner in der Beschäftigung mit dem Märchen durch fast drei Jahrzehnte ging, bis es 1910 *an der Zeit* war, den Schritt zu tun, den Goethe noch nicht machen konnte: das Märchen in dramatisierter Form, als *Mysteriendrama* zu bringen.[10]

So standen noch die Pläne weniger als acht Monate vor der Uraufführung der *Pforte der Einweihung*, was am 27.12.1909 durch einen Brief von Marie von Sivers an Sophie Stinde in München bezeugt wird: «Die Kurse sind schon

---

9 *Mein Lebensgang*, GA 28, Kapitel 30.

10 Wilfried Hammacher hat das in seinem jüngst erschienenen Werk («Die Uraufführung der Mysteriendramen von und durch Rudolf Steiner München 1910–1913», Dornach 2010) grundlegend dargestellt.

alle bestimmt bis auf den vom *Augustmonat.* Gestern nun bat ich den Doktor, sich zu entscheiden, weil so viele Anfragen vorliegen. Da sagte er, er würde gern wieder diesen Kursus mit Theater verbinden. Ja, nun meinte ich, «die Münchener Damen werden an ihren Strapazen vom vorigen Jahr noch zu tragen haben», und wo es denn sein sollte, ob in Karlsruhe, Stuttgart oder Frankfurt. Wenn z. B. «Iphigenia auf Tauris» gespielt würde, könnte man es ja überall machen. Da sagte der Dr., dass er doch gern das «Märchen» von Goethe stellen würde, ev. eine Wiederholung des «Mysteriums von Eleusis». Das «Märchen» wird natürlich wieder so viele Dekorationen und Kostüme verlangen, dass es schwer halten würde, sie an einem anderen Ort fertig zu stellen …»[11]

Bei den ersten Entwürfen des Mysteriendramas waren die Personen alle noch mit den Namen aus Goethes Märchen bezeichnet. Aber dann zeigte sich in den wenigen Wochen der Vorbereitung vor der Aufführung, dass ein weiterer Schritt notwendig war, von dem Rudolf Steiner viel später im Rückblick sagt: «Als die Idee entstand vor Jahren, in München zu spielen, da ergab sich die Intention, dasjenige, was enthalten war an weltgestaltenden Wesenskräften in Goethes *Märchen von der grünen Schlange und der schönen Lilie*, auf die Bühne zu bringen. Es ging nicht. Man musste es viel realer fassen. Und daraus entstand das Mysterium *Die Pforte der Einweihung.* Es ist ja handgreiflich: es war zu Goethes Zeiten eben noch nicht das Zeitalter da, wo man überleiten konnte dasjenige, was in feinen Märchenbildern noch zu halten war,

---

11 «Beiträge …» Nr. 36, 1971, S. 5 // Die Aufführung wurde dann für 15. August 1910 festgesetzt.

in die realen Gestalten, die in der *Pforte der Einweihung* sind.»[12]

Das Märchen kann wie eine vorläufige Form des Faust dritter Teil gesehen werden. Und in dieser Form setzt sich die Gestalt des Faust, des «strebenden Menschen», im Jüngling des Märchens (Johannes Thomasius in den Mysteriendramen) fort. So deutet auch Rudolf Steiner darauf hin, wie «Goethe den strebenden Menschen durch den Jüngling repräsentiert sein lässt».[13] Aber dann ist die *Pforte der Einweihung* inhaltlich doch noch ganz anders geworden, auch wenn sie in Form und Aufbau mit dem Märchen korrespondiert.[14] Von besonderer Bedeutung dabei ist, dass der «strebende Mensch» nicht mehr allein der Jüngling (Johannes) ist, sondern sich jetzt auf drei Gestalten verteilt, die in einer bestimmten Ordnung zueinander stehen: Johannes – Capesius – Strader. Die eigentliche Brücke zwischen Märchen und Mysteriendrama ist das Element des Apokalyptischen. Was ist damit gemeint?

Steiner nennt das Märchen auch *Goethes Apokalypse.* «Denn in ihm stellt er – märchenhaft – den inneren Entwickelungsgang des Menschen dar.»[15] Der apokalyptische Grundton im Märchen ist der Ruf: «Es ist an der Zeit.» Das klingt an ein bestimmtes Motiv in der Apokalypse des Johannes an (Apk. 14:15): «Und ein anderer Engel kam aus

---

12 GA 197, 22.11.1920.

13 GA 57, 24.10.1908.

14 Eine übersichtliche Zusammenschau einschließlich einer Synopse der Gestalten sowie einer vergleichenden Darstellung der Handlungsabläufe findet sich bei Hammacher, 2010.

15 GA 35, Kap. *Die okkulte Grundlage in Goethes Schaffen.*

dem Tempel und rief dem, der auf der Wolke saß, mit lauter Stimme zu: Schick deine Sichel aus, und ernte! *Denn die Zeit zu ernten ist gekommen: Die Frucht der Erde ist reif geworden.*» Den Anbruch der neuen Zeit hat Goethe vorausgeahnt, aber noch nicht dramatisch fassen können, sonst wäre der Faust dritter Teil entstanden. Als Steiner 1910 sein erstes Mysteriendrama verfasste, war die Zeit gekommen: Er konnte das, was durch Goethe noch «in feinen Märchenbildern» gehalten war, nun «überleiten … in die realen Gestalten, die in der *Pforte der Einweihung* sind».[16]

In welcher gegenseitigen Beziehung stehen nun Märchen und Pforte der Einweihung zueinander? Auf die Frage eines Schauspielers während der Proben 1910, ob die *Pforte der Einweihung* eine Folge des Märchens sei, sagte Rudolf Steiner: «Nein, das Märchen ist eine Folge des Mysteriums.»[17] Das deutet auf einen geistigen Zeitstrom, in dem Ursache und Wirkung vertauscht sind. In diesem Strom liegen die Ursachen der Gegenwartsereignisse nicht in der Vergangenheit, sondern in der Zukunft. Die Ereignisse geschehen dann nicht, «weil» etwas in der Vergangenheit geschehen ist, sondern «damit» etwas in der Zukunft geschehen kann. Goethe kam auf seinem Weg bis zur Vollendung des Faust zweiter Teil, wo der strebende Faust in der «Erlösung» die wahre Befreiung findet. Der dritte Teil war – als *Pforte der Einweihung* – noch Zukunft, aber eine «verursachende Zukunft» für die Apokalypse des Märchens.

Auch die Mysteriendramen sind eine Apokalypse. Was Apokalypse ist und in welcher Weise «in dem Erleben der

---

16 GA 197, 22.11.1920.

17 Wiedergegeben bei Hammacher, 2010.

geistigen Schauungen des Apokalyptikers ein christliches Mysterium gesehen wird», erläutert Rudolf Steiner: «Die Geheimnisse der *alten* Mysterien sind durch die Vorgänge in Palästina offenbar geworden. Dadurch hat sich enthüllt, was vorher verhüllt in den Mysterien war. Ein neues Geheimnis ist nun, was in die Weltentwicklung durch die Erscheinung Christi eingefügt worden ist.»[18] Die Weltentwicklung nimmt also einen anderen Verlauf durch die Tat und Erscheinung Christi. Dieser Verlauf wird bestimmt von der Zukunft her, wo die apokalyptischen Ursachen für die Gegenwart liegen. Im Christentum hat diese apokalyptische Zukunft verschiedene Namen, wie z. B. *das neue Jerusalem*[19], *das jüngste Gericht*[20] oder *die Zeiten der Wiederherstellung aller Dinge*[21].

Von der großen Weltentwicklung fällt ein Licht auf die Entwicklung im Kleinen, wie sie sich in der menschlichen Biografie ereignet. Was im Großen durch die Erscheinung Christi in die Weltentwicklung eingefügt wird, geschieht im Kleinen durch das, was der Mensch in seine biografische Entwicklung neu «einfügt». *Apokalypse* heißt aber: Man kann es nicht von der Vergangenheit her verstehen – sondern allein von der Zukunft. Das Karma des Menschen ist zunächst eine Tatsache, die aus der Vergangenheit kommt. Aber das Entscheidende ist nicht der Vergangenheits-Ausgleich allein, sondern die Neuschöpfung, die in der Überwindung (ent-

---

18 *Das Christentum als mystische Tatsache*, GA 8, Kap. *Die Apokalypse des Johannes.*

19 Apokalypse 21:2.

20 Matthäus 25:31 ff.

21 Apostelgeschichte 3:21.

sprechend den Worten Friedrich Beneschs) liegt, wodurch Zukünftiges sich in das Schicksal hereinleben kann. Das ist auch der Karma-Gedanke der Mysteriendramen, bei dem die karmische Rückschau nur scheinbar «erklärend» und vergangenheitsorientiert ist, in Wahrheit aber immer darauf gerichtet, den Zukunftswillen des Menschen zu stärken. Entsprechend ist auch in der mittelalterlichen Szene die Antwort auf die Frage eines Bundesbruders, der nicht verstehen kann, «dass im Fallen die Gemeinschaft mit sich reißt so vieler Brüder Einzelleben: Ein Unrecht scheint es vor dem Weltgesetz.» Der Großmeister der Templer weist darauf hin, dass für die Einzelnen das Erleiden des Templer-Schicksals durchaus mit den eigenen Schwächen und eigener Schuld zusammenhängen kann. Aber es gibt auch ein Leiden, das nicht von der Vergangenheit her verstanden werden kann, weil der Mensch unter diesem Aspekt «unschuldig» ist. Dann hängt das Leiden mit der Zukunft zusammen und hat einen *apokalyptischen* Charakter: «Wer nicht schuldig durch die eignen Taten die Dornenwege wandeln muss, die aus dem Bundeskarma stammen, dem wird der Schmerz die Kraft verleihn, zum höhern Leben aufzusteigen» (II,7). So ist Goethes «geheime Offenbarung» des Märchens in der *Zukunft verursacht* als die Morgenröte der von Rudolf Steiner geschaffenen apokalyptischen Dramen.

Der Münchner Kongress 1907 – Geisteswissenschaft «belebt ihre Vorstellungen künstlerisch»[22]

Zu Pfingsten 1907 auf dem Münchner Kongress[23] bekommt die bis dahin geleistete anthroposophische Arbeit eine neue Ausrichtung: «Was die Hauptsache war, der Kongress hatte Künstlerisches in sich. Künstlerisches, das auf den Willen hinwies, das spirituelle Leben fortan nicht ohne das Künstlerische in der Gesellschaft zu lassen.»[24] Dem Kunstbegriff Rudolf Steiners entsprechend kann man auch sagen: Geisteswissenschaft wird erst im Künstlerischen wirklich konkret. Von dieser Zeit an hat Rudolf Steiner nicht nachgelassen, immer wieder auf den unverzichtbaren Beitrag der Kunst zur Weltfähigkeit der Anthroposophie hinzuweisen. Sie tritt immer als Wissenschaft auf, aber das ist nur ihr erstes Auftreten. Fruchtbar für die Welt kann sie nur werden, wenn sie in einer nächsten Entwicklungsstufe ihre «Vorstellungen» künstlerisch «belebt» und konkretisiert. Im Tempel der Hierophanten stehen an den drei Altären im Osten, Süden und Westen die Repräsentanten der menschlichen Urdreiheit: des Denkens, Fühlens und Wollens – oder auch von Wissenschaft, Kunst und sozialem Leben.[25] Der Repräsentant des Künstle-

---

22 GA 257, 30.1.1923.

23 Genauer: «Kongress der Föderation der europäischen Sektionen der Theosophischen Gesellschaft». Dieser Kongress wurde 1907 in München von der deutschen Sektion ausgerichtet.

24 *Mein Lebensgang*, GA 28, *38. Kapitel.*

25 Weitere Charakteristiken (in den Personenverzeichnissen) sind: Träger *des geistigen Elementes, des Elementes der Hingabe (Geist der Liebe), des Willens-Elementes (Geist der Tatkraft).*

rischen ist im Tempel der Hierophant im Süden, im Märchen der «silberne König», Theodosius im Mysteriendrama. Im Osten steht in Benedictus der Repräsentant einer spiritualisierten Wissenschaft, der in der Lage ist, die Weisheitsschätze des Tempels zu den Menschen zu bringen. Aber dazu bedarf er der Hilfe der Brüder im Tempel: «Ich bin in eurer Mitte jetzt, die Hilfe mir zu holen, der ich von euch bedarf zum Schicksalsfaden eines Menschen, der Licht von hier empfangen soll. […] Ich habe ihm gezeigt das Licht, das ihn geführt zum ersten Geistesschauen. Doch soll aus Bild ihm Wahrheit werden, muss euer Werk zu meinem Werke kommen. Mein Wort, es ist aus mir allein; durch euch ertönen Weltengeister» (I,5). Man kann die letzten beiden Sätze unmittelbar auf das Künstlerische beziehen. Sie können dann zur inneren Anregung werden, einen vertieften und lebendigen Kunstbegriff zu entwickeln. Es kann dann verständlich werden, welcher Rang dem Münchner Kongress in der Entwicklung der Anthroposophie zukommt.

Aber nicht nur die künstlerische Ausrichtung dieses Kongresses war es, auf die es ankam, sondern die erstmalige Hinorientierung auf das Rosenkreuzertum: «Das Prinzip des Rosenkreuzertums ist, den Geist in die Welt einzuführen, fruchtbare Arbeit für die Seele zu leisten. Es wird auch gelingen, die Kunst zu einer Mysterienkunst zu erheben … Ein Versuch ist gemacht in *Edouard Schurés* Mysteriendrama.»[26] Drei Jahre später wurde das erste Mysteriendrama Rudolf Steiners aufgeführt. In der weiteren Folge entstand die Bewegungskunst Eurythmie und dadurch eine ganz neue Mög-

26 GA 96, 12. 6. 1907. Von Schuré wurde «Das heilige Drama von Eleusis» aufgeführt.

lichkeit, Übersinnliches auf der Bühne darzustellen. Und schließlich wurde im Folgemonat nach der Uraufführung des vierten Mysteriendramas in Dornach der Grundstein gelegt für den Bau, der die Bühne der Mysteriendramen und selbst gebautes Mysteriendrama sein sollte, nach dem Protagonisten der Dramen «Johannes-Bau» genannt.[27]

Das Künstlerische und das Rosenkreuzertum hängen eng zusammen. Goethe schreibt über das Verhältnis von Wissenschaft und Kunst: «Ich denke, Wissenschaft könnte man die Kenntnis des Allgemeinen nennen, das abgezogene Wissen; Kunst dagegen wäre Wissenschaft zur Tat verwendet.»[28] Rudolf Steiner zitiert diesen rosenkreuzerischen Satz in einer frühen Ausführung über Kunst[29] und sagt Jahre später im Rückblick auf den Pfingstkongress in den zitierten Worten das Gleiche: Das Prinzip des Rosenkreuzertums ist, «den Geist in die Welt einzuführen» (Goethe: «Wissenschaft zur Tat verwendet»). Der künstlerische Impuls, wie er der heutigen Zeit angemessen ist, und der rosenkreuzerische Impuls bedingen sich also.

Das Künstlerische ist immer konkret

Ein dritter Aspekt muss hinzugenommen werden: Kunst ist zunächst immer sinnlich, das heißt *konkret.* Die Wissenschaft

---

27 Der Bau wurde dann später auf Anregung Rudolf Steiners «Goetheanum» genannt.

28 *Wilhelm Meisters Wanderjahre,* 3. Buch, 18. Kapitel.

29 *Grundlinien einer Erkenntnistheorie der Goetheschen Weltanschauung,* GA 2, Kapitel *Erkennen und künstlerisches Schaffen.*

für sich erforscht die allgemeingültigen Gesetze, nach denen der Weltprozess verläuft, und ist deshalb ihrem Wesen nach abstrakt oder – in der zitierten Formulierung Goethes – *abgezogen:* «Wissenschaft könnte man die Kenntnis des Allgemeinen nennen, das abgezogene Wissen.» Hier liegt der Schritt von der allgemeinen Anthroposophie als Geisteswissenschaft zu den Mysteriendramen als *konkreten* künstlerischen Ereignissen, in denen «Wissenschaft zur Tat verwendet» wird. Dieser Schritt ins Konkrete und zum einzelnen Menschen hin liegt auch in dem, was Rudolf Steiner über die Mysteriendramen sagt: «Will man Entwickelung, so wie sie sich erschaut in der geistigen Welt, wirklich hinstellen, so kann das nur geschehen, wenn man die Entwickelung eines einzelnen Menschen gestaltet, wenn man in die Individualität umsetzt, was für alle Menschen wahr ist.»[30]

Damit wird deutlich, dass diese Bewegung ins Konkrete sich unmittelbar in den Mysteriendramen fortsetzt. Sie sind so konkret, dass sogar die Hauptgestalten in den Dramen von Menschen abgeleitet sind, die tatsächlich gelebt haben. Aber das geschieht nicht einfach als Abbild des äußeren Lebens, denn das wäre für Rudolf Steiner ein ganz unkünstlerischer Prozess, wie er von *Estella* vertreten wird.[31] Über die Gestalt des *Professor Capesius* spricht er in Zusammenhang mit Karl Julius Schröer, seinem Lehrer an der Hochschule:

---

30 GA 125, 31.10.1910.

31 «Mit der größten künstlerischen Kraft ist in diesem Werke nicht nur dargestellt, was an äußerem Missgeschick bei so vielen Menschen anzutreffen ist, sondern es wird mit einem bewundernswerten Scharfblick auf die tiefsten Seelenschmerzen gewiesen ...» (Estella, Zwischenspiel).

«Nicht die ganze Individualität, aber gerade einige Züge von Schröer sind dann auf meinen Capesius in den Mysterien übergegangen, den Professor Capesius. Man kann schon sagen: Wir haben da ein glänzendes Beispiel für die Tatsache, dass in die Gegenwart herein nur unter gewissen Bedingungen die spirituellen Strömungen des Altertums getragen werden können. Und man möchte schon sagen: In Schröer zeigte sich das Zurückschrecken vor der Intellektualität.»[32] In Vielem unterscheiden sich auch Capesius und Karl Julius Schröer. Die mittelalterliche Inkarnation des Capesius etwa, die im zweiten Drama *Die Prüfung der Seele* dargestellt wird, ist eine ganz andere als die von Karl Julius Schröer, von der Rudolf Steiner im gleichen Vortrag auch spricht. Wo sind die bestimmten «Züge von Schröer», die auch Capesius trägt? Schröer trug ein reiches Erbe aus der Vergangenheit in sich, aber er konnte es für die Gegenwart nicht wirklich fruchtbar machen.[33] Das war sein «Zurückschrecken vor der Intellektualität». Ganz ähnliche Züge finden wir bei Capesius, der zwar – wie Schröer – Professor ist und das heutige Bewusst-

---

32 GA 238, 23.9.1924.

33 Für Rudolf Steiner hatte das unmittelbare biografische Konsequenzen, weil er Aufgaben übernahm (Herausgabe der naturwissenschaftlichen Schriften Goethes), die schicksalsmäßig eigentlich Schröers Aufgaben gewesen wären und die dann seinem Leben eine ganz andere Richtung gaben. Im Rückblick sagt er: «Ich verdanke [Goethe] viel für die Entwickelung meiner geistigen Erkenntnis-Erlebnisse. Diese Entwickelung ging dadurch viel langsamer vor sich, als es der Fall gewesen wäre, wenn sich die Goethe-Aufgabe nicht schicksalsgemäß auf meinen Lebensgang hingestellt hätte» (*Mein Lebensgang*, GA 28, 12. Kapitel).

sein ansprechen kann, aber mit seinem reichen spirituellen Erbe, das sich nach und nach im Verlauf der Dramen enthüllt, doch vor der Intellektualität zurückschreckt und Spiritualität von ihr getrennt halten möchte. So zieht er sich zeitweise ganz von der äußeren Welt in «Mystenstimmung» zurück, denn wie der ihm gleichgestimmte Felix Balde sagt: «Das äußre Werk verträgt nicht solche Stimmung.» Auch auf ihn trifft zu, was Steiner über Schröer sagt: «Man sah Schröer so, dass man ganz deutlich wahrnahm: ganz ist diese Seele nicht in dem Körper drinnen. Und als er dann älter wurde, da konnte man sehen, wie diese Seele, weil sie doch eigentlich nicht recht in den Körper der damaligen Gegenwart hineinwollte, sich Stück für Stück aus diesem Körper zurückzog.»[34]

In anderer Weise ist die Gestalt der *Theodora* ein Beispiel für das Konkrete der Mysteriendramen. Im Januar 1910 begann Rudolf Steiner in Stockholm über eine neue Wirklichkeit der Christuswelt zu sprechen und die veränderte Art, in der sich Christus im 20. Jahrhundert an die Menschheit heranbewegt. Die folgenden Monate bis Pfingsten reiste er durch ganz Europa bis nach Sizilien und sprach über dieses Thema im Rahmen von Mitglieder-Vorträgen. Dann kommt die Aufführung des ersten Mysteriendramas *Die Pforte der Einweihung* am 15. August 1910 mit dem Auftritt der Theodora, die diese Tatsache auf der Bühne ausspricht! Diese «Aktualität» kann betroffen machen. Sind die Mysteriendramen auch geisteswissenschaftliche Zeitkommentare? Wird durch sie nicht doch Anthroposophie gelehrt? Dann wäre die Kunst der Dramen eine Darstellung der Idee «in einem sinnlich-wirklichen Gewande», was Rudolf Steiner an anderer Stelle

---

34 GA 238, 23.9.1924.

ausdrücklich ablehnt, wenn er sagt: Kunst ist nicht die Idee «in einem sinnlich-wirklichen Gewande; nein, es ist das Sinnlich-Wirkliche in einem göttlichen Gewande»[35], sie ist konkret und gibt dem Sinnlich-Konkreten den Schein des Schönen (des Übersinnlichen).

Was Theodora sagt, darf demnach nicht als «Lehre» missverstanden werden, sondern ihre Rede ist ein dramatisches Moment, durch das *Strader* in innere Bewegung und letztlich, durch tiefe Krisen, auf seinen Weg kommt. Er hört ihre Rede von dem Christus und ist – gegen seine Logik – tief betroffen. Die karmische Befangenheit, die er in seinem Verhältnis zum Christentum hat und die deutlich wird, wenn im zweiten Drama *Die Prüfung der Seele* der Blick in seine mittelalterliche Inkarnation fällt, beginnt sich, indem er Theodora hört, anfänglich zu lösen. Eine Bewegung nimmt in diesem Augenblick ihren Anfang, die ihn im Verlauf der Dramen in große Aufgaben führt. Das Konkrete der Rede Theodoras empfängt in ihm das «göttliche Gewand» des Allgemeinen: *Menschen auf ihren Weg bringen*, das war der Lebensimpuls Rudolf Steiners für ein Wirken im Konkreten.[36] Und wenn er in tausenden von Vorträgen – scheinbar – im Wesentlichen nur «lehrte», so waren ihm diese Vorträge in Wahrheit das Mittel, *Menschen auf ihren Weg zu bringen.* – Doch wie wäre es, wenn das Drama schon drei Jahre vorher geschrieben worden wäre und deshalb Theodora diese Rede von dem

---

35 GA 30, Kap. *Goethe als Vater einer neuen Ästhetik* (April 1889).

36 «Ich will auf die Kraft bauen, die es mir ermöglicht, ‹Geistesschüler› auf die Bahn der Entwickelung zu bringen» (Brief vom 16. 8. 1902 an W. Hübbe-Schleiden, *Briefe II*, Dornach 1953).

neuen Christus-Wirken noch nicht hätte halten können? Wir wissen es nicht, wir wissen auch nicht, was dann mit Strader geschehen wäre, und ob das Drama einen ganz anderen Verlauf hätte nehmen müssen. Die konkrete Wirklichkeit war eben so, dass das Drama nicht drei Jahre vorher geschrieben wurde. So ließen sich viele Fragen an die Dramen stellen, aber der abstrakten Frage steht die konkrete Wirklichkeit gegenüber. Der nur logische Verstand kommt dort an sein Ende, wo die Wirklichkeit aus dem Konkreten entsteht, das «in einem göttlichen Gewande» erscheint, d. h. wo die Wirklichkeit Kunstwerk ist.

Ein noch ganz anders geartetes Beispiel für das Konkrete der Mysteriendramen sind die Umstände, unter denen sie aufgeschrieben wurden. Das geht aus einem Brief von Marie Steiner hervor, den sie von München «im August 1910» an Johanna Mücke in Berlin schreibt. Die Uraufführung der *Pforte der Einweihung* war auf 15. August angesetzt. «In nächster Woche werde ich nichts besprechen können, was außerhalb unserer Münchner Arbeit liegt. Denken Sie, nicht eine Woche bleibt uns mehr, und viereinhalb Akte habe ich noch gar nicht als Text erhalten.»[37] Das Stück war also – eine Woche vor der Aufführung! – nur bis zum Zwischenspiel überhaupt erst aufgeschrieben worden. Warum hat Rudolf Steiner das Drama nicht schon fertig geschrieben nach München mitgebracht, um in der verbleibenden sehr knapp bemessenen Zeit uneingeschränkt für die Proben zur Verfügung zu stehen und den Schauspielern die Zeit zu geben, sich mit ihren Rollen gründlicher zu verbinden? Stattdessen bringt er nur Skizzen mit und schreibt erst dann, in den Nächten zwischen

---

37 «Beiträge …» Nr. 17, 1967, S. 8.

den Probentagen, das jeweilige Drama Szene für Szene auf, wenn er die konkreten Menschen, mit deren Hilfe und Mitwirkung er das Drama zur Aufführung bringen wird, vor sich hat. Selbst hier, bei der Niederschrift des Textes, nimmt das Allgemeine seinen Ausgang vom Konkreten – als Kunstwerk.

Das Rosenkreuzermysterium

Ein Grundmotiv zieht sich durch alles, was in den Mysteriendramen geschieht. Es wird sehr oft genannt, von verschiedenen Personen, mit verschiedenen Intentionen, in immer wieder anderen Worten: Gibt es eine Brücke, die von Ideen zu Taten führt? Kann Geist im Stoff wirksam werden? Ist es möglich, den Geist, versinnlicht, im Stoff darzustellen? Dieses Motiv ist der Kern des Rosenkreuzertums. Die unmittelbaren Vorläufer der Rosenkreuzer, die Templer haben dieses Ideal schon zu verwirklichen versucht in der Vereinigung von Mönchtum, das dem Geist verpflichtet ist, und Rittertum, das zu Taten in der Welt verpflichtet. In der mittelalterlichen Szene der *Prüfung der Seele* (7. Bild) spricht der Großmeister des Templerordens dieses Ideal im «Weihespruch» des Bundes aus: «Es muss sein Sondersein und Leben opfern, *wer Geistesziele schauen will durch Sinnesoffenbarung;* wer sich erkühnen will, in seinen Eigenwillen den Geisteswillen zu ergießen.» Das war ein ganz neuer Impuls, der völlig nach außen gewandt und erfolgreich in der Welt dem immer noch wirksamen weltabgewandten Christentum des Mittelalters entgegenstand. Der Ordensimpuls war zu dieser Zeit noch verfrüht, bereitete aber die Zukunft vor. Die Templer wurden im 14. Jahrhundert vernichtet. Ihre Impulse jedoch wirkten weiter und wurden durch die Rosenkreuzer aufgegriffen und weitergeführt. Anders als die Templer wirkten diese im Wesentlichen aber im Verborgenen. Dann kam der apokalyptische Ruf: «Es ist an der Zeit!» In Goethes Märchen und insbesondere in den Mysteriendramen fand dieser Ruf eine wichtige Resonanz. Die Rosenkreuzer-Weisheit darf nicht länger im Verborgenen bleiben – sie soll öffentlich den Menschen zugänglich sein, die nach ihr suchen. Im ersten Bild des *Hüters der Schwelle* wird dieser Augenblick eindrucksvoll dargestellt. In der Art, wie Rudolf Steiner die Forschungsart Goethes beschreibt, ist schon öffentliches Rosenkreuzertum zu erkennen: «Das Gewahrwerden der Idee in der Wirklichkeit ist die wahre Kommunion des Menschen.»[38]

Das erste Mysteriendrama, *Die Pforte der Einweihung*, wurde von Rudolf Steiner «ein Rosenkreuzermysterium» genannt. Das gilt ersichtlich auch für die folgenden Mysteriendramen. Das Rosenkreuzer-Motiv wird dabei immer entscheidender und auch die Menschen immer mehr voneinander *unterscheidend*. Im ersten Drama zeigt sich mehr oder weniger deutlich bei den einzelnen Personen, die im ersten Bild auftreten, in welchem Spannungsverhältnis sie zum Rosenkreuzer-Impuls stehen. Am klarsten spricht *Romanus* sich aus: «Ich finde nicht *die Brücke, die von Ideen zu Taten wahrhaft führen könnte.*» Aber auch *Capesius* bekennt: «Doch alles Wirken solcher Art, es konnte mich nur führen zur Anerkennung jener Meinung, die so geliebt wird und betont im Reich der Tatenmenschen: *Dass in des Lebens Wirklichkeit Gedanken nichts als blasse Schatten sind.* Sie könnten wohl befruchten die Schaffensmächte unsres Lebens; sie *zu*

38 GA 1, Kap. VI (1887).

gestalten aber ist ihnen nicht gegeben.» Wir verfolgen dann das Ringen der drei Protagonisten Johannes, Capesius und Strader um den eigenen Rosenkreuzer-Weg.

Johannes erreicht als Erster eine wichtige Station auf diesem Weg. Es gelingt ihm, als Künstler ein wahrhaft «rosenkreuzerisches» Bild zu malen als Porträt von Capesius. Es übt eine starke Wirkung aus, auch wenn Johannes am Schluss nüchtern feststellt: «Als Kunstwerk schätze ich es gar nicht hoch» (I,8). Es ist rosenkreuzerischer Geist, der in dem Bild lebt und die Wirklichkeit der Individualität des *Capesius* «wirksam offenbart». Und Capesius, für den ja «in des Lebens Wirklichkeit Gedanken nichts als blasse Schatten sind», fühlt sich genötigt, aufgrund dieses Bildes seine Ansicht zu revidieren. «Und jetzt muss ich bekennen, dass ihr zu andrer Meinung mich gebracht … *Ich seh' an euren Werken, wie der Geist sich wirksam offenbart.*» Er kommt in Bewegung auf seinem Weg, ähnlich wie Strader in der Begegnung mit Theodora.

Bei *Strader* dauert es lange, bis er «seinen» Rosenkreuzer-Tempel erreicht hat. Im vierten Drama ist er angekommen. Nicht als Künstler wie Johannes, sondern als Lebenspraktiker und Techniker findet er den Geist des Rosenkreuzes. Er steht im Inneren ganz fest, wenn die anderen schon mit neuen Unsicherheiten ringen. Felix Balde hat sich dem Rosenkreuzer-Wirken entfremdet: «Wer Mystenstimmung *weckt,* der führt sein Innres hin zum Lichtesreich. *Das äußre Werk verträgt nicht solche Stimmung.*» Aber Strader hat inzwischen – im vierten Drama *Der Seelen Erwachen* – eine Höhe erreicht, die ihn ganz als Rosenkreuzer entgegnen lässt: «Und *mir* ersteht die *Geistesschau doch nur, wenn sich die Seele Tatgedanken widmen* und lebend sich im Hoffen finden darf, dass sie dem

Geiste Stätten bauen kann, in welchen er das Licht entzünden will, das wärmend durch die Geisteswelten strahlt *und durch der Menschen Sinnenwirksamkeit im Erdensein die neue Heimat sucht*» (IV,3).

Capesius hätte das rosenkreuzerische Ideal als Wissenschaftler leben sollen – aber er war noch überfordert. Er ist zwar auf dem Weg, aber er erreicht die Wegstation noch nicht, von der aus ein erstes Handeln in der Welt aus dem Geist heraus möglich wird. Er bleibt nachhaltig mit sich selbst beschäftigt – und damit, wie der Gang der Dramen zeigen wird, im Bereich des Luzifer.

Michael

Von Michael[39] ist in den Mysteriendramen nicht den Worten nach die Rede. Er wirkt «hinter den Kulissen» des Bühnengeschehens. Mit der Rosenkreuzer-Wirksamkeit ist er aber eng verbunden, denn in ihr liegt eine Gefahr. Wer sich der Erde zuwendet, betritt ein Gebiet, in dem Ahriman einen eigenen Herrschaftsbereich innehat – das ist unvermeidlich. Das Zurückschrecken vor dieser Wirklichkeit liegt der mittelalterlichen Seelen-Mystik zugrunde; der Mut, sich mit ihr

---

39 Von Rudolf Steiner wird immer wieder und betont darauf Bezug genommen, dass seit dem Ende des 19. Jahrhunderts für die Dauer von einigen hundert Jahren ein neuer Zeitgeist für den Geist unserer Zeit maßgebend ist: Michael (der Erzengel in der christlichen Überlieferung). In kleineren (esoterischen) Kreisen spricht Rudolf Steiner schon 1907 darüber, vor einem größeren Kreis zum ersten Mal am 2. Mai 1913 (GA 152).

auseinanderzusetzen, trägt den Templer- und Rosenkreuzer-Impuls. Wenn die Auseinandersetzung mit den Täuschungen Ahrimans in der Sinneswirklichkeit aber nicht völlig gelingt, entsteht eine – unbewusste – Abhängigkeit von Ahriman. Der Prozess des allmählichen Abhängig-Werdens der Templer/Rosenkreuzer von ahrimanischen Einflüssen kommt im zweiten und dritten Drama zur Darstellung. Beim Großmeister des Templerordens im 14. Jahrhundert zeigt sich eine Seelenhaltung, die zu seiner Zeit das Gegebene ist, aber im Hinblick auf die Zukunftsaufgabe dieses Ordens eben doch nicht zukunftsgerecht: Er sucht sich in schwieriger Lage an anderer Stelle Rat und gibt damit einer ersten Abhängigkeit Raum. Wie er den Orden führt, erfahren die Ordensbrüder von ihm: «So spricht zu meinem Geiste oft der große Führer aus dem Totenreich, wenn ich in meinen stillen Stunden in meine Seelengründe tauche und Kräfte mir erwachen, zu weilen in dem Geisterlande. Ich fühle dann des Meisters Gegenwart und höre seine Worte, wie ich im Sinnesleben sie oftmals hören durfte» (II,7). In der nächsten Inkarnation als *Hilarius Gottgetreu* finden wir ihn (im *Hüter der Schwelle*) als Führenden im Rosenkreuzer-Tempel. Da ist aus der Seelenhaltung des Großmeisters der Templer bereits eine greifbare innere Abhängigkeit beim Großmeister des rosenkreuzerischen Mystenbundes entstanden. Wieder – wie in der mittelalterlichen Szene – entsteht eine kritische Situation, jetzt für die Rosenkreuzer. Und wieder sucht er an anderer Stelle Rat: «Ihr lieben Brüder, was begonnen ist, es wird sich jetzt nicht weiterführen lassen. Wir müssen uns zum Orte hinbegeben, an dem der Geist uns seinen Willen kündet» (III,2). Mit *Friedrich Trautmann*, dem *Romanus* in der *Pforte der Einweihung*, begibt er sich an diesen Ort – in Ahrimans

Reich! Das ist eine dramatische Wendung des Geschehens auf der Bühne: Die Rosenkreuzer holen sich ihre Inspirationen bei Ahriman – ohne es zu bemerken.

FRIEDRICH TRAUTMANN: Wie oft schon hab' ich dieses Reich betreten. Und doch, wie grauenvoll erscheint es mir, dass wir auch hier so oft uns Weisung holen für manche Leistung, die als Bund uns wichtig und die bedeutend ist für unsre Ziele.

HILARIUS: Es muss das Samenkorn dem Tode erst verfallen, ehe Leben wiederkehrt. An diesem Orte soll sich alles finden, was sich im Erdenleben abgebraucht; *es wird zu neuem Sein hier umgewandelt.* Wenn unser Bund die Keime pflanzen will für *Menschentaten, die in Zukunft reifen*, so muss er *Samen aus dem Toten holen.*

AHRIMAN: Sie sehen mich und kennen mich doch nicht; denn wüssten sie, wer hier Gebieter ist, sie wären, Weisung suchend, wahrlich nicht hierher gekommen (III,8).

Was *Hilarius* über den Ort weiß und ausspricht, ist «an sich» richtig im Sinne des rosenkreuzerischen «In Christo morimur» – «In dem Christus wird Leben der Tod». Wenn der Ort in der Sphäre des Christus wäre, würde auch gelten: *Was sich im Erdenleben abgebraucht; es wird zu neuem Sein hier umgewandelt.* Aber Ahriman kennt keine Wandlung, er kennt nur äußerliche Veränderungen und verhärtete Festigkeit. Aus diesem Bereich ist kein Samen zu gewinnen für *Menschentaten, die in Zukunft reifen.* Das ist die große Illusion des Hilarius und deshalb müssen letztlich diese Repräsentanten des Rosenkreuzer-Impulses abgelöst werden. Die «Schüler des Benedictus» werden ihre Nachfolger. Was repräsentieren sie? Benedictus charakterisiert sie: «Es haben meine

Schüler ihren Seelen das Geisteslicht in jener Art erschlossen, die ihrem Schicksal angemessen ist. Sie sollen, was sie sich errungen haben, ein jeder für den andern fruchtbar machen. Es kann dies nur geschehn, wenn ihre Kräfte am Weiheort, nach Maß und Zahl geordnet, sich zu der höhern Einheit binden wollen …, dass Harmonie der Geister wirken könne, was sie für sich zu leisten unvermögend. Sie werden Neues zu dem Alten bringen, das hier seit Vorzeit-Tagen würdig waltet» (III,10). Die Schüler des Benedictus sind Menschen, die – «ihrem Schicksal angemessen» – einen eigenen individuellen Weg gehen zum «Geisteslicht» und die sich dann erst zur Gemeinschaft zusammenfügen, damit «Harmonie der Geister wirken könne, was sie für sich zu leisten unvermögend». Am Ende des dritten Dramas ist dieser Moment gekommen: Sie werden zur Ablösung der bisher Verantwortlichen in den Rosenkreuzer-Tempel berufen und nehmen dort in Verbindung mit jeweils einem der Altäre den ihnen zukommenden Platz ein, von dem aus sie nun in die Welt wirken sollen – immer in Zusammenhang mit den Anderen und damit immer aus dem Ganzen heraus. Das sind die Zeichen einer zukünftigen Michael-Gemeinschaft.

Der rosenkreuzerische Impuls braucht einen besonderen Schutz, um nicht in die Abhängigkeit von Ahriman zu führen. Durch die *Spiritualisierung* «der Kräfte unserer Vernunft, unseres Begreifens, unseres Verstehens»[40] im Zusammenwirken mit *Michael* bildet sich allmählich dieser Schutz. Dazu bedarf es aber des Mutes zu individuellem Handeln und zu einer wirklich individuellen Moralität. Konkret heißt das: «Wenn man in dem Moralischen etwas sieht, was seine Im-

40 GA 157, 19.1.1915.

pulse unmittelbar aus der geistigen Welt heraus nimmt, dann ist das der Anfang dazu, *den Intellekt zu spiritualisieren.* Ich habe das behutsam und leise zuerst getan in meiner ‹Philosophie der Freiheit›, weil ja dem 19. Jahrhundert wahrhaftig in Bezug auf die Spiritualisierung nicht viel zuzumuten war. Aber es ist dieses der Weg, der eingeschlagen werden muss.»[41] Den bisherigen Repräsentanten der Rosenkreuzer-Strömung «wird andres Werk in Zukunft anvertraut» – so sagt Benedictus. Im Akt ihrer Ablösung durch die «Schüler des Benedictus» wird der Michael-Impuls im Mysteriendrama wirksam. Fortan werden die Michael-Schüler im Rosenkreuzer-Tempel wirken. Das ist die Vereinigung des Rosenkreuzer-Impulses mit dem Michael-Impuls, der seit dem Ende des 19. Jahrhunderts in der Menschheit wirksam ist. Diese Vereinigung ist notwendig, denn nur die «Spiritualisierung des Denkens» schützt den Rosenkreuzer-Impuls, der den Geist im Stoff wirksam werden lassen möchte, vor einer Abhängigkeit von Ahriman. Die heutige Wirklichkeit geistiger Bewegungen, die «im Stoff» wirken, kann diese Gefahr beleuchten.

41 GA 191, 12.10.1919.

Die Pforte der Einweihung

Urbilder und Personen

Im Drama gibt es die Schauspieler und ihre Rollen. Das ist auf der Bühne so, aber auch eine Tatsache des Lebens. Immer spielen Menschen in sozialen Zusammenhängen eine bestimmte Rolle. Da ist z. B. der «Vermittler», der es schafft, auch in schwierigen Situationen einen sozialen Ausgleich herbeizuführen. Dann gibt es den «Außenseiter», ein bekannter Unbekannter, der oft stört und manchmal überraschende Auswege zeigt. Und man kennt auch den «Retardus» (ein Fachausdruck unter solchen, denen die Mysteriendramen vertraut sind), der immer dann, wenn man nach langen Gesprächen sich endlich zum Konsens gekommen glaubt, doch noch einmal einen Einwand hat. Und irgendjemand wird sicher auch die traurige Rolle des «schwarzen Schafes» spielen. Meistens haben wir selbst einen gewissen Anteil an der Rolle, die wir spielen oder spielen müssen. Es gibt aber auch die Rollen, die uns ganz von außen zugeteilt werden, insbesondere in Gemeinschaften früherer Zeiten, die auch heute noch existieren und in manchen Kulturen sogar sehr bestimmend sind. So gibt es familiäre Blutsgemeinschaften, Volks- und Sprachgemeinschaften, Dorfgemeinschaften und viele andere prägende Gemeinschaftsformen. Da sind dann die Identität des Menschen und die Rolle, die er in der Gemeinschaft spielt, kaum zu unterscheiden, wie etwa die Rolle des erstgeborenen Sohnes. Heute ist es keine Frage, dass es für den emanzipierten Menschen von größter

Bedeutung ist, sich von den Rollen, die ihm von außen zugeteilt worden sind, zu befreien. Nur so kann er sich selbst finden. Das entspricht der Befreiung, die Faust im ersten Teil des Dramas mit Hilfe des Mephisto erreicht.

Und jetzt erleben wir im ersten Mysteriendrama die Überraschung, dass für den zukünftigen Menschen und seine Gemeinschaften die Rolle wiederkehrt – nicht die Rolle alter Art, sondern eine ganz neue und die wahre Identität des Menschen berührende Rolle. Bei neun Personen im ersten Drama finden wir den Hinweis, dass mit ihnen ein *Urbild* verbunden ist, das sich aber erst «im Verlauf» des Dramas offenbart. Es tritt also eine bestimmte Person auf mit einer ganz gewöhnlichen bürgerlichen Identität – und dann heißt es bei ihr, sagen wir der *anderen Maria*, dass sich «deren Urbild im Verlauf als Seele der Liebe offenbart». Welche Rollen werden da gespielt, wenn bestimmte Personen auftreten, deren Urbild sich im Verlauf des Dramas als dieses oder jenes offenbart? Das Urbild ist offensichtlich die «Rolle», die auf der Erde dargestellt – also «offenbart» – werden möchte. Der betreffende Mensch muss dann, so gut es geht, in seine Rolle «hineinwachsen» – es wird ihm nur mehr oder weniger gelingen, wie auch der Schauspieler nur mehr oder weniger vollkommen seine Rolle spielt. Je vollkommener er aber spielt, desto identischer wird er mit ihr – bis er sich dann einmal ganz mit der Rolle, mit seinem Urbild, vereinigt haben wird. Man wird dann im Beispiel der *anderen Maria* sagen können: Die *Seele der Liebe* und die *andere Maria* sind eins. Solche Entwicklungen gibt es in den Mysteriendramen, beispielsweise bei *Romanus,* der im *Hüter der Schwelle* den bürgerlichen Namen *Friedrich Trautmann* trägt. Im vierten Drama *Der Seelen Erwachen* wird bei ihm ausdrücklich vermerkt: «Romanus wird hier wieder mit diesem in der Pforte der Einweihung für ihn gebrauchten Namen eingeführt, weil dieser seiner inneren Wesenheit entspricht, zu der er sich in den [etwa vierzehn] Jahren hindurchgearbeitet hat, welche zwischen der Pforte der Einweihung und der Seelen Erwachen liegen.»

In dieser Situation befindet sich aber jeder Mensch. Wir alle haben Urbilder unserer irdischen Identität, denen wir nur mehr oder weniger entsprechen. Wenn wir auf einem guten Weg sind, nähern wir uns diesem Urbild unserer selbst in einem Prozess des «Hindurcharbeitens» an. Damit wird aber das «Rollenspiel» etwas ganz Neues. Jetzt kann man nicht mehr sagen, ich bin in einer Rolle gefangen, die ich von außen zudiktiert bekommen habe und von der ich mich möglichst bald befreien möchte, sondern es gibt ein innerstes Streben nach dieser Rolle. Das ist ein ganz anderer Vorgang, der auf zukünftige Gemeinschaften weist. Die alten Gemeinschaften sind die Gemeinschaften derer, die ihre Rolle von außen zugewiesen bekommen. Und irgendwann möchte man die «verdeckende» Rolle loswerden, um die eigene Identität zu «ent–decken». Bei den zukünftigen Gemeinschaften geht es darum, das Urbild der eigenen Identität als die wahre und eigentliche «Rolle» zu verwirklichen.

Das führt in Bezug auf das soziale Leben zu weit reichenden Fragen. Eines der drei Hauptideale der Französischen Revolution war: alle Menschen sind gleich. Das ist auch heute noch die Grundlage jeder Demokratie, galt aber bis dahin nicht: die Menschen waren durch Geburt verschieden und durch die damit gegebene Rolle, die sie in der Gesellschaft zu spielen hatten. Die Rollen sind es, die Menschen ungleich machen, und erst die Befreiung aus allen Rollenzwängen bringt die Gleichheit der Menschen ans Licht. Wie aber ist das mit den neuen Rollen, den ganz verschiedenen geistigen oder seelischen Urbildern, die sich «im Verlauf» durch einen Menschen offenbaren als dessen eigentliche Identität? Man kann diese *Verschiedenheit* der Menschen nur in einer gewissen Paradoxie richtig denken, indem man sie so versteht, dass sie der *Gleichheit* nicht widersprechen. Das wahre Gleichheits-Ideal verleugnet nicht die individuelle Persönlichkeit des Menschen, wie das im weiteren Verlauf der Französischen Revolution – und in den untergegangenen sozialistischen Staaten Europas – dann doch geschehen ist, es ist keine *unpersönliche* Gleichheit, sondern bezieht sich auf den Menschen, der auf dem Weg ist, aus *überpersönlichen* Impulsen zu handeln. Je weniger für den Menschen die nurpersönlichen Bedürfnisse das Entscheidende sind und je mehr er sich «hindurcharbeitet», das Sachlich-Notwendige zu seiner eigenen Angelegenheit zu machen, desto mehr werden Gleichheit und Verschiedenheit sich nicht mehr ausschließen und Zusammenarbeit im *Überpersönlichen* die Grundlage neuer Gemeinschaften sein.

Eine Frage bleibt: begleitet mich das Urbild, meine eigentliche «Rolle», auch in die nächste Inkarnation? Liegt die Identität des Menschengeistes durch die verschiedenen Inkarnationen darin, dass er immer mit dem gleichen Urbild verbunden ist, um die damit verbundene Rolle sich immer mehr zu eigen zu machen? Im Allgemeinen wird die Antwort sein: nein. Man wird nicht notwendig davon ausgehen müssen, dass in einer nächsten Inkarnation etwa der *anderen Maria* wieder «deren Urbild sich im Verlauf als Seele der Liebe offenbart». Auch das Urbild des «Ewig-Weiblichen» oder «Ewig-Männlichen», mit dem der als Frau oder Mann verkörperte Mensch (auch) verbunden ist, wird nicht notwendig in die nächste Inkarnation übernommen. Um wirklich Mensch zu werden, verbinden wir uns in verschiedenen Inkarnationen mit verschiedenen Urbildern. Sie sind wie der karmische Sinn einer bestimmten Inkarnation. Allerdings gibt es Ausnahmen – vor allem in Zeiten des Übergangs. Davon spricht *Maria* in ihrer Auseinandersetzung mit Ahriman (*Die Prüfung der Seele*, elftes Bild).

Der «strebende Mensch» in den Mysteriendramen

Wir haben im Hinblick auf den ungeschriebenen Faust dritter Teil davon gesprochen, dass der «strebende Mensch» Faust sich in ganz anderer Form in dem «strebenden Jüngling» des Märchens von Goethe wieder findet, der dann in der *Pforte der Einweihung* zu Johannes Thomasius wird. Aber anders als Faust ist «Johannes, der Strebende» (wie Maria von ihm im siebenten Bild spricht) nicht die Titelgestalt des Dramas. Es gibt in den Mysteriendramen Rudolf Steiners überhaupt keine Titelgestalten mehr im Sinne von herausragenden Einzelnen, sondern die Dynamik der Dramen entsteht aus dem, was zwischen den Menschen geschieht. So wird aus dem einen Protagonisten Faust die Dreiheit von Johannes, Capesius und Strader. Die drei stehen in einem bestimmten Verhältnis zueinander, das am deutlichsten anschaubar wird, wenn sie am Ende des dritten Dramas *Der Hüter der Schwelle* an den Altären des Rosenkreuzer-Tempels ihren «urbildlichen» Platz zugewiesen bekommen: Johannes im Osten, Capesius im Süden, Strader im Westen: von Osten strahlt Erkenntnislicht, im Süden spricht die Kraft der Liebe, im Westen wirkt der Weltenwille. Aber im Drama sind die drei ganz normale Erdenmenschen und auf ganz verschiedene Art Strebende. Auf eigenen Wegen finden sie zur Geistesschülerschaft und in individuell ganz unterschiedlicher Weise haben sie ihre Prüfungen durchzumachen. Der fortgeschrittenste auf seinem Weg ist Johannes, Strader findet als Letzter zur Geistesschülerschaft. Jeder der drei Protagonisten gibt bei einem Drama den Ton an. Im ersten Bild der *Pforte der Einweihung* steht die Krise des Johannes im Vordergrund. Entsprechendes gilt für Capesius am Beginn des zweiten Dramas *Die Prüfung der Seele*. Und am Anfang des dritten Dramas *Der Hüter der Schwelle* finden wir Strader im Kreis der wiederverkörperten Bauern des Mittelalters an der Schwelle einer Lebenswende, die ihn dann zur Geistesschülerschaft führen wird.

Ein anderes Motiv des Faust findet sich noch in den Mysteriendramen: «Das Ewig-Weibliche zieht uns hinan» – so schließt das Faust-Drama zweiter Teil. Das ist ein Mysterienausdruck, das Weibliche ist hier Urbild. Der auf Erden strebende Mensch ist – ob weiblich oder männlich verkörpert – im urbildlichen Sinn «männlich». Das Geistige, das sich als Ideal mit ihm verbindet, ist im urbildlichen Sinn «weiblich». Im östlichen Christentum ist das die himmlische Sophia. Auch sie wird in einem Menschen konkret, ähnlich wie der «Weltenwille» in Strader oder die «Kraft der Liebe» in Capesius. Auch da muss man die Spannung zwischen Urbild und konkretem Menschen ertragen. Das Ewig-Weibliche wird auf der Bühne konkret. Und weil es keine Hauptrollen gibt – auch Maria ist nicht die Hauptrolle –, erscheint das Weibliche entsprechend dreifältig, wie auch der eine strebende Mensch Faust dreifältig erscheint als Johannes, Capesius und als Strader. Durch seine Beziehung zu Maria wird Johannes zum Strebenden. Aber auch Capesius und Strader stehen in einer Beziehung zum Ewig-Weiblichen, auf jeweils völlig andere Weise. Für Strader wird Theodora der Mensch, der seine innere Entwicklung anregt; für Capesius ist es Frau Balde, die mit ihren Märchen ihm auf seinem inneren Weg Seelennahrung gibt. Das Männliche und das Weibliche sind im Mysteriendrama Urbilder. Deshalb muss der strebende Mensch, ob er Mann oder Frau ist, im Urbild männlich dargestellt werden. Das Ideal aber, mit dem sich der strebende Mensch verbindet und das ihn «hinanzieht», ist weiblich – das Ewig-Weibliche. Auf der Bühne sind die Urbilder konkrete Menschen. So machen die Frauen – also Maria, Frau Balde und Theodora – im Sinne dieses Urbildes auch nicht in gleicher Art eine Entwicklung durch wie die Männer. Nicht, dass sie stehen bleiben, aber der Weg, den sie gehen, verläuft anders und ist oft wie eine Antwort auf das, was «Folgen» von Taten und Entschlüssen sind. Das gilt auch für Maria, den fortgeschrittensten Menschen in der Geistesschülerschaft, der deshalb auch ihr Urbild – das Ewig-Weibliche – am «persönlichsten» repräsentieren kann.[42]

---

42 Theodora geht ihren weiteren Weg unter Verzicht auf hellseherische Fähigkeiten nach ihrer Eheschließung mit Strader. Frau Felicia entschließt sich, ihre Märchen in Form von Puppenspielen als «äußeres Werk» auf eine Bühne zu bringen und das zu tun, wozu Capesius sich jetzt noch nicht als fähig erweist. Maria schließlich bringt vor Luzifer das Erkenntnis-Opfer, um Johannes in den Finsternissen seines Weges eine Hilfe werden zu können.

Maria
Erstes – drittes – siebentes Bild

Maria nimmt als die fortgeschrittenste Schülerin des Benedictus eine besondere Stellung ein unter den Personen der Mysteriendramen. Zeitweise wirkt sie sogar wie seine Mitarbeiterin: in ihrer Nähe zu den Menschen, die auf dem Entwicklungspfad in inneren Nöten sind, aber auch auf dem äußeren Feld als «Leiterin des Hauses»[43], in dem die Versammlungen abgehalten werden, auf denen Benedictus spricht. In nachhaltigen inneren Zweifeln erleben wir sie nicht. Wo aber auch sie durch Prüfungen zu gehen hat – etwa da, wo sie um Verständnis ringt, warum sie sich von Johannes trennen soll (II,2) –, entsteht der Eindruck einer Sicherheit auch in der Prüfung. Sie ist mit «dem jungen Maler»[44] Johannes schon durch zehn Jahre in Freundschaft verbunden als die Ältere, die ihm auf seinen Pfaden der Geistesschülerschaft zugleich vorangeschrittene Wegbegleiterin ist. Die Aufgabe Johannes gegenüber ist das durchgängige Hauptmotiv ihres Wirkens durch alle vier Dramen. Man kann sie sich zu Beginn etwa 37-jährig vorstellen, Johannes etwa 30-jährig.[45]

---

43 So Capesius im ersten Bild der *Pforte der Einweihung.*

44 Capesius nennt ihn so (*Die Prüfung der Seele,* erstes Bild): «Da trat in meine Lebensbahn Thomasius, der junge Maler ...» In der Parallel-Erzählung im Zwischenspiel spricht Estella ebenfalls von dem «jungen Maler».

45 Es gibt verschiedene Annäherungen an die Frage nach dem Alter. In GA 44, S. 442 gibt es einen Anhaltspunkt dafür, den Altersunterschied von Maria und Johannes mit sieben Jahren anzusetzen. Im Weiteren möchte man das Alter des Johannes zu Beginn der «Pforte der Einweihung» mit der Charakterisie-

Zwei Momente in der karmischen Biografie der Maria sollen besonders betrachtet werden. Im dritten Bild der *Pforte der Einweihung* sucht Maria von Benedictus die Lösung ihres Rätsels zu erfahren: Sie ist zutiefst verbunden mit dem, was Benedictus lehrt und «was Licht in dunkle Seelentiefen strahlt». Sie fühlt sich verbunden mit dem tiefsten Sinn des Daseins. «Doch wie er lebt in mir, erweist als böse Frucht er sich, berührt mein Wesen sich mit andrer Menschen Wesen.» Das erlebt sie auch an Johannes, den sie – als eine Folge seiner Berührung mit dem, was sie zu geben hat – «welken» sieht an Geist und Seele. Warum ist das so? Die Antwort des Benedictus ist Antwort und Rätsel zugleich. Das Rätsel ist des Benedictus' Eingreifen in das Schicksal von Maria, das mit seiner eigenen Reife zusammenhängt: «Als auf dem Pilgerpfad der Seele erreicht ich hatte jene Stufe, die mir die Würde gab, mit meinem Rat zu dienen in den Geistersphären ...» Wie soll man sich das vorstellen, dass die Wesen der geistigen Welt «Rat» suchen bei Menschen? Wir haben ja die umgekehrte Stimmung, Fragen an die geistige Welt stellen zu wollen, wenn wir dem «unerforschlichen Ratschluss» Gottes in den Schicksalsfragen unseres Lebens gegenüberstehen. Wie soll da ein Mensch «raten» können in der geistigen Welt? «Da trat zu mir ein Gotteswesen, das niedersteigen sollte in das Erden-

---

rung «junger Maler» vereinbar machen. Wenn die bestehende 10-jährige Freundschaft bis in die Ausbildungszeit des Johannes zurückreichte, also etwa in sein 20. Lebensjahr, wäre der «junge Maler» zu Beginn etwa 30 Jahre und Maria entsprechend 37 Jahre alt. Hammacher nennt in seinem Buch (S. 437) eine mündliche Überlieferung, von der er für möglich hält, dass sie auf Rudolf Steiner zurückgeht: Johannes wäre dann zu Beginn 35 Jahre alt, Maria 40 Jahre.

reich, um eines Menschen Fleischeshülle zu bewohnen. Es fordert dies das Menschenkarma an dieser Zeiten Wende. Ein großer Schritt im Weltengang ist möglich nur, wenn Götter sich binden an das Menschenlos … Es wurde mir nun aufgegeben, zu finden jenen Menschen, der würdig war, des Gottes Samenkraft in seine Seele aufzunehmen. So musste ich verbinden Himmels-Tat mit einem Menschenschicksal.» Noch einmal: Warum soll Benedictus hier raten? Weiß das «Gotteswesen» nicht selbst viel besser, wer geeignet ist als Empfänger dieser Himmels-Tat? Man braucht das gewiss nicht in Frage zu stellen. Aber es ist eine ganz verschiedene Wirklichkeit, ob jemand etwas aus sich selbst macht, oder ob er etwas tut, weil ein anderer sagt, man solle es tun. Das ist nicht das Gleiche. Das eine Mal handelt man nach dem eigenen Willen, das andere Mal nach dem Willen eines anderen. Dadurch liegen auch die Verantwortlichkeiten ganz anders. Natürlich trägt man immer Verantwortung für alles, was man tut. Aber wenn man etwas auf den Rat hin eines anderen macht, ist dieser andere in die Verantwortung einbezogen, was sehr wichtig sein kann. Wir sagen im normalen Leben: Man muss jemanden «ins Boot holen». Das gilt auch für das höhere Leben: man kann auch jemanden karmisch «ins Boot holen», dann entsteht eine neue karmische Wirklichkeit. Die geistige Welt bezieht in Benedictus die Menschheit karmisch in die Verantwortung ein, das entspricht der wachsenden Mündigkeit und Verantwortlichkeit der Menschheit. Deshalb soll er für die geistige Welt den Menschen finden, der «würdig» ist.

Das weiter noch damit verbundene Rätsel: Benedictus fragt Maria vorher nicht. Wie ist das mit der Freiheit von Maria vereinbar? Wie kann er das überhaupt ihr gegenüber verantworten? Zunächst: Er kann sie gar nicht fragen, weil sie –

obwohl fortgeschrittene Geistesschülerin – noch weit davon entfernt ist, in solchen geistigen Zusammenhängen zu leben, in denen Benedictus die Frage zugekommen ist. Er muss also für sie entscheiden, aber so, wie ein Erzieher für einen Unmündigen entscheidet, wenn er darum ringt, eine Entscheidung «im Sinne» des ihm anvertrauten Menschen zu finden, zu dem dieser – später! – einmal «ja» sagen kann. Das kann nie mit Sicherheit vorher gewusst werden. Es ist also mit einer solchen Entscheidung auch eine sehr weit reichende Verantwortung verbunden. In dieser einsamen Lage ist Benedictus gegenüber Maria. Wenn er «sicher» ist, auch ohne dafür eine Sicherheit zu haben, dass Maria in ihrem tiefsten Wesen seine Entscheidung später bejahen wird, verletzt er ihre Freiheit nicht. Aber er müsste die karmischen Folgen tragen, wenn sie seine Entscheidung später zurückweisen würde. Das Erschütternde ist: *beides* geschieht! «Auf der Bühne» weist sie des Benedictus Entscheidung auf das schärfste zurück und steigert diese Zurückweisung sogar bis zum Ansatz einer Verfluchung: «Dich verfluche ich, der mich zum Werkzeug der wilden Künste formte, durch die er Menschen täuschen will.» Sie hat – äußerlich – Recht. Er hat sie unfrei und zum Werkzeug von anderem gemacht. Ohne den eigenen zustimmenden Willen ist alles Dienen nur ein Funktionieren als Werkzeug. Johannes wird Zeuge dieser – im äußeren Verständnis – berechtigten Zurückweisung. In jedem äußeren Gerichtsverfahren müsste Benedictus tatsächlich der Unterlegene sein.[46] Die Lösung dieser Frage kann aber nicht auf dem äußeren Feld gefunden werden, da gibt es keine Möglichkeit, Benedictus von dem Vorwurf freizusprechen, in das

46 Es liegt ja eine wirksame «psychische Beeinflussung» vor.

Schicksal Marias eingegriffen zu haben unter Missachtung ihrer Freiheit. Die Lösung liegt – urbildlich für die allermeisten äußeren Lebens- und Schicksalsrätsel – im «Gebiet des Geistes» (siebentes Bild). Da erfährt Johannes von Maria ihre allertiefste Zustimmung zu der Entscheidung des Benedictus: «Er sprach mir von dem Geiste, dessen Dienst die Kraft in mir gewidmet solle sein … Und ein Gedanke nur erfüllte mir die Seele … Es war der Wille, der in dem Gedanken lebte: Mich hinzugeben ganz dem Geist und fähig für das Opfer mich zu machen, das mich ihm nahe bringen könnte.» Hätte Johannes die in der Sinneswelt «berechtigte» Zurückweisung des Benedictus durch Maria als wirklich angesehen[47], hätte er nie die Lösung in der geistigen Welt erfahren. Sein Irrtum hätte sich für die Sinneswelt als «richtig» bestätigt! Er musste zuerst – gegen die irdische Logik – Marias Zurückweisung als unwirklich ansehen, um dadurch geistig erfahren zu können, dass Marias Zurückweisung tatsächlich unwirklich war. So kann Benedictus sagen: «Du bist als reif befunden. Du darfst entlassen werden. Die Freundin ist vorangeschritten, du wirst im Geist sie finden.»

Warum hat Benedictus Maria ausgewählt? Man könnte ja erwarten, dass Benedictus ihr sagt: Weil du ein spirituelles Leben führst, weil du früh schon mit ernstem Wollen meditieren konntest, weil sich dir die geistige Welt erschlossen hat und du schon mit einer gewissen Wirklichkeit in der geistigen Welt lebst – deswegen kannst du das Große ertragen, für das ich dich erwählt habe. – Aber tatsächlich musste er auf ganz anderes achten. Eine «alte Seele» ist Maria: «In vielen Leben

47 Er erkennt aber: «Ich schau die Freundin nicht! Ich schau ein grausig Wesen.»

hattest du erworben dir Empfänglichkeit für alles Große, das Menschenherzen leben … Zu früh nicht stiegest du auf steile Geisteshöhen und so erstand dir nicht der Hang zum Geisterland, bevor du voll erfasst der Sinne unschuldvolle Freuden.» Man muss das genau hören. Es gibt «unschuldvolle Freuden» der Sinne! Es gibt natürlich auch ganz andere, das erleben wir heute immer mehr. Aber es gibt eben auch die unschuldvollen Freuden, die unverstellte Beziehung zur Welt der Sinne. Und in der Welt der Seele gibt es entsprechend «Zorn und Liebe» – man darf also auch zornig sein. «Erkennen lernte deine Seele Zorn und Liebe, als ihrem Denken jeder Trieb zum Geist noch ferne war. Natur in ihrer Schönheit zu genießen, der Künste Früchte pflücken, erstrebtest du als deines Lebens Reichtum … Als reife Frucht von vielen Leben betritt das Erdensein die Seele, die solche Stimmung zeigt. Und ihre Kindlichkeit ist Blüte, nicht Wurzel ihres Wesens.» Man beginnt als Kind, man macht eine Entwicklung durch, und wenn sie fruchtbar verläuft, erwirbt man sich eine neue Kindlichkeit. Dann steht vor uns ein «natürlicher Mensch». *Natürlich* heißt aber gerade nicht im gewöhnlichen Sinn natürlich, sondern außerordentlich kultiviert zu einer neuen Natürlichkeit hin. Solche Menschen wirken im sozialen Leben immer wohltätig und man kommt mit ihnen gut zurecht. Sie sind nicht ehrgeizig, können auch loslassen, können gegebenenfalls auch «niedere Dienste» verrichten. Und wenn es notwendig ist, scheuen sie nicht davor zurück, Verantwortung zu übernehmen.[48] Das

---

48 Ein Beispiel aus einem sehr anderen Zusammenhang bestätigt das: Es war ihre offensichtliche «Natürlichkeit», die einer jungen unbekannten Sängerin bei einem Wettbewerb (Eurovision Song Contest, Mai 2010) zum Sieg verhalf. In der Tageszeitung

zeigt die Frucht einer reifen Seele – und zugleich einen ganz konkreten Menschen. Nur ein solcher Mensch kommt in Frage für «ein Gotteswesen, das niedersteigen sollte in das Erdenreich, um eines Menschen Fleischeshülle zu bewohnen». Wenn aber dieses Ereignis dann tatsächlich eintritt, wenn das «Gotteswesen» tatsächlich konkret wird, ist der «natürliche Mensch» für seine Umgebung verändert: «Der Geist in dir, er wirkt in allem, was für das Reich der Ewigkeit an Früchten reifen kann im Menschenwesen. Ertöten muss er darum vieles, was nur dem Reich des Zeitenseins gehören soll.» Jetzt ist der soziale Umkreis eines solchen Menschen sehr leicht überfordert, weil womöglich nur der konkrete Mensch gesehen wird, nicht aber das «Andere», das auch mit ihm verbunden ist und nicht leicht zum Bewusstsein kommt, vielleicht noch nicht einmal dem Betreffenden selbst.

Johannes
Erstes und drittes Bild

Johannes Thomasius ist der Erste innerhalb der Dreiheit des *strebenden Menschen* in den Mysteriendramen und als Erster tritt er auch, zusammen mit Maria, auf. Mit diesem Auftritt verbunden sind auch der «erste Eindruck», den wir von ihm

war zu lesen: «…eine junge, kluge, neugierige, unprätentiöse, begabte, auch keck-kesse Frau, die nicht mal entfernt so durchgeklont wirkt wie die zahllosen Kunstprodukte, die uns ansonsten die Unterhaltungsbranche aufzutischen pflegt, sondern durchweg authentisch, eben echt. So modern, mutig, so zupackend und zugleich gelassen wie Lena sähen wir uns doch insgesamt gern …»

haben, und die ersten Worte, die wir hören; sie bestimmen das Grundthema des Dramas. Maria richtet im Anschluss an den Vortrag, den beide zusammen mit einem größeren Kreis von Menschen gehört haben, ihr Wort an Johannes: «So nahe geht es mir, mein Freund, dass ich dich welken seh' an Geist und Seele … Auch diese inhaltvolle Stunde, in welcher wir so vieles hören durften, was Licht in dunkle Seelentiefen strahlt, sie hat nur Schatten dir gebracht. Ich konnte nach so manchem Worte, das unser Redner eben sprach, im eignen Herzen mitempfinden, wie tief es dich verwundet.»[49] Was für den Maler Johannes bisher eine Beflügelung seines Künstlertums war –, die geistigen Anregungen, die ihm von Maria (und durch sie von Benedictus) zukamen –, hat sich seit einiger Zeit ins Gegenteil gewendet: er welkt dahin und verliert seine Schaffenskraft. Maria aber kann ihm nicht nur nicht helfen, sondern muss sogar sehen und ertragen, dass sie selbst Quelle seines Leidens ist. Er ist «krank». –

Ein wichtiger Begriff in den Mysteriendramen ist der *Schicksalsknoten.* In *Der Seelen Erwachen* verwenden Gottgetreu, seine Frau und der Bürochef dieses Wort. In den vorhergehenden Dramen spricht nur Benedictus davon und benutzt dabei das Wort Karma – zum ersten Mal im dritten Bild der *Pforte der Einweihung:* «Es formt sich hier in diesem Kreise ein Knoten aus den Fäden, die Karma spinnt im Weltenwerden.» Karma bindet oder löst nicht den Knoten, sondern spinnt die Fäden dazu.[50] Wer bindet – und wer kann

---

49 *Pforte der Einweihung*, erstes Bild.

50 Nur einmal – im letzten Bild des *Hüters der Schwelle*, im Rosenkreuzer-Tempel – wird von einem «jener Schicksalsknoten, die Karma formt aus Erden-Menschen-Leben», gesprochen.

den Knoten lösen? Dieses Binden und Lösen des Knotens[51] macht die Dynamik aus, die den Mysteriendramen zugrunde liegt. In der Biografie sind Mondknoten[52] die entsprechenden Aufforderungen, etwas zu lösen und, wie bei der Geburt, zu «entbinden» und dadurch Kräfte freizusetzen. Auch unter diesem Aspekt kann man sich vorstellen, dass Maria etwa in ihrem zweiten Mondknoten stand, als Benedictus zum ersten Mal vom Knoten spricht, der sich aus karmischen Fäden schlingt. Ihre vielschichtige Beziehung zu Johannes als die Ältere, die Freundin, die Lehrerin ist in eine Krise gekommen. Es ist seine Krise, weil sein Leiden an ihr solcher Art ist, dass er «an Geist und Seele welkt». Und es ist in anderer Weise auch ihre Krise, weil sie nicht versteht, warum er an ihr leidet. Dieses Leiden ist der dramatische Ausgangspunkt für die Handlung in der *Pforte der Einweihung*.

Lazarus-Johannes

Krankheit ist ihrem Wesen nach die *Urkrise* des Menschen und als Mysterienerfahrung das Tor zur Initiation, ist Pforte der Einweihung und der Weg zur Schwelle. So lesen wir auch

---

51 «Knoten in Schnüren und Bändern stehen als Symbole mit dem Komplex des «Lösens und Bindens» in Zusammenhang. Ihre Grundqualität ist jene der Vereinigung, des Festhaltens und damit auch Bannens, während ihre Auflösung Freisetzung von Kräften oder Wesen bewirkt» (Knaurs Lexikon der Symbole).

52 Astronomisch ist der *Mondknoten* der Ort, wo sich Mondbahn und Ekliptik kreuzen. Dieser Punkt wandert rückwärts in 18,6 Jahren einmal durch die Ekliptik. Mit 18,6 Jahren (genau: 18 Jahren, 7 Monaten und 4 Tagen) ist für den Menschen also das

das elfte Kapitel des Johannes-Evangeliums: «Es war einer krank: Lazarus aus Bethanien, dem Wohnort der Maria und ihrer Schwester Martha. Deren Bruder Lazarus wurde krank. Da schickten die Schwestern zu ihm und ließen ihm sagen: Herr, siehe, der, den du lieb hast, ist krank. Als Jesus das hörte, sprach er: Diese Krankheit führt nicht zum Tode, sondern offenbart das Göttliche. Der Sohn Gottes soll sich offenbaren durch sie.» Von dem Kranken wird also gesagt: Der, *den du lieb hast*, ist krank. *Liebe* ist die Substanz, die zwischen Schüler und Lehrer walten muss, sonst kann der Lehrer nicht Lehrer und der Schüler nicht Schüler sein. Für den Schüler ist Liebe *Vertrauen*, die Liebe des Lehrers heißt *Verantwortung*.[53] Beides ist Liebe, und nur da, wo solche Liebe herrscht, kann eine Lehrer-Schüler-Beziehung gedeihen. Jeder ist für jeden auf irgendeine Weise immer auch Lehrer – und jeder ist jedem andern gegenüber immer auch Schüler. Wir lernen aneinander, wenn wir wollen. Auch der Lehrer in der Schule ist Schüler der Schüler. Zwischen Lehrer und Schüler gibt es im Leben nur ein dynamisches Verhältnis, weil es in Wahrheit keine abgrenzbaren Rollen gibt. Und was zwischen

---

Verhältnis von Sonne und Mond wieder wie bei der Geburt. Eine «Geburt» auf höherer Stufe kann das biografisch Entsprechende zu dieser Konstellation sein. Ähnliches gilt für das Alter von 37 und 56 Jahren (Diether Lauenstein, *Der Lebenslauf und seine Gesetze*, Stuttgart 1974, S. 56ff.).

53 Im sechsten Bild des *Hüters der Schwelle* spricht Benedictus zu Capesius im Sinne dieser Verantwortung des Lehrers: «Ich muss begleiten jeden, der von mir im Erdensein das Geisteslicht empfangen, ob er sich wissend, ob nur unbewusst sich mir als Geistesschüler hat ergeben, und muss die Wege weiter ihn geleiten, die er durch mich im Geist betreten hat.»

Lehrer und Schüler lebt, zwischen Mensch und Mensch, ist – wenn die Beziehung in Entwicklung, in Bewegung ist – Substanz der Liebe (Vertrauen und Verantwortung). Lazarus, «den der Herr lieb hat», der Schüler des Jesus, ist krank. Als Jesus von seiner Krankheit hört, lässt er sich Zeit, er eilt nicht zum Ort des Geschehens, er wartet. Und als er dann schließlich in Bethanien ankommt, ist Lazarus gestorben – er scheint «zu spät» gekommen zu sein. In Wirklichkeit musste er warten, bis Lazarus dort angekommen war, wo der Ort vollständiger Freiheit ist, der Ort, an dem eine Neuschöpfung möglich wird. Im Faust zweiter Teil wird dieser Ort – wir haben das berührt – das «Nichts» genannt: «In deinem Nichts hoff' ich das All zu finden.» Jede wesentliche Entwicklung beginnt im Nichts, und das Neue ist immer eine «Schöpfung aus dem Nichts», ein Neuanfang, eine «Initiation» (*initium* = Anfang). Christlich gesprochen ist diese neue Schöpfung die *Sohnesschöpfung*. Die «Krankheit» des Lazarus, von der es heißt: «der Sohn Gottes soll sich offenbaren durch sie», ist also ein Initiationsvorgang.

Warum wurde Lazarus krank? Darüber schweigt das Evangelium exoterisch, spricht aber esoterisch. Man muss die Zusammenhänge des Evangeliums untersuchen, denn Esoterik ist immer «Zusammenhang»[54]. Es gibt bestimmte Zusammenhänge zwischen einzelnen Bereichen des Neuen Testamentes, so zwischen dem elften Kapitel des Johannes-

---

54 Rudolf Steiner formuliert das so: «Esoterisch ist ein Begriff, wenn er im Zusammenhange mit den Erscheinungen betrachtet wird, aus denen er gewonnen ist. Exoterisch, wenn er als Abstraktion abgesondert für sich betrachtet wird» (Einleitungen zu Goethes naturwissenschaftlichen Schriften, GA 1 e, S. 377).

Evangeliums und dem zehnten Kapitel des Markus-Evangeliums: «Als Jesus auf dem Weg war, kam jemand auf ihn zu, fiel vor ihm auf die Knie und stellte die Frage an ihn: Guter Meister, was muss ich tun, um das ewige Leben zu gewinnen? Jesus antwortete: Du kennst die Gebote ... Er erwiderte ihm: Meister, alle Gebote habe ich von Jugend an geübt. Da sah ihn Jesus an; er liebte ihn und sagte: Eines fehlt dir noch: Trenne dich von allem, was du hast; verkaufe es und gib das Geld den Armen. Du wirst so einen bleibenden Schatz in der Geisteswelt haben. Dann komme und folge mir nach! Er aber war betrübt, als er das hörte, und ging traurig weg, denn er hatte ein großes Vermögen.» Ein Mensch sucht also «das ewige Leben zu gewinnen» – wir können auch sagen: Er sucht den Weg der Initiation. Die erste Antwort ist der Hinweis auf die «Gebote», also alles das, was mit den Übungen zusammenhängt. Dann erst kommt die eigentliche Antwort, die aber nur dann gegeben werden kann, wenn zwischen demjenigen, der die Frage stellt, und dem Meister, der antworten soll, ein Lehrer-Schüler-Verhältnis besteht: Jesus sieht ihn an und «liebt» ihn. Das Vertrauen des Fragenden – die Liebe des Schülers – wird in diesem Augenblick von der Liebe des Lehrers beantwortet, mit der Übernahme von Verantwortung für den weiteren Weg des Schülers. Ein großes Vermögen hat der Schüler, er «vermag» viel, hat reiche Begabungen. Der Weg zur Initiation kann sich aber nicht auf Begabungen stützen, sondern nur auf das, was er ohne seine Begabungen «ist». Der Schüler des Meisters ist traurig, indem er wieder seine Wege geht, und wir wissen nicht – auch das Evangelium sagt darüber nichts –, ob er sich von «allem, was er hat», trennen wird. Hier schweigt das Markus-Evangelium. Aber in der Beleuchtung durch das Johannes-Evangelium beginnt es «esoterisch» zu sprechen: Der Mensch, den Jesus «liebt», taucht – an anderer Stelle und ohne irgendeine Vorgeschichte ganz unvermittelt – als *Lazarus* im Johannes-Evangelium wieder auf: «Es war einer krank: Lazarus aus Bethanien …» Der unbestimmte «Jemand» des Markus-Evangeliums trägt jetzt einen Namen: Lazarus. Und er ist krank – er hat sich tatsächlich von allem gelöst, was er hatte. Aber im Hintergrund ist nun der Lehrer, der Lazarus «liebt», seit der die Frage an ihn gerichtet hat, und der für den Weg, den er ihm wies, Verantwortung übernimmt. Er «muss ihn begleiten» und wird kommen, wenn es an der Zeit ist, und ihn heilen. Warum also wurde Lazarus krank? Wer trägt dafür die Verantwortung? Der Lehrer, der den Rat gibt, oder der Schüler, der den Rat befolgt? Am Anfang steht der Rat des Lehrers – aber noch davor ist die Frage des Schülers. Im esoterischen Lehrer-Schüler-Verhältnis gibt es keine Ursache und Wirkung mehr, sondern die «Liebe». Lazarus wird durch seine Einweihung zum Johannes, dem ersten Nachfolger Christi bis unter das Kreuz und dem Ersten, der ihn «versteht».

Dieser große Hintergrund kann helfen, den dramatischen Prozess besser zu verstehen, der sich zwischen Maria und Johannes ereignet. Was Maria dem Johannes vermittelt, lässt ihn «welken» und macht ihn krank. Es ist ähnlich wie bei Lazarus: er trennt sich von allem, was er hat. Aber es ist auch ganz anders als bei Lazarus, denn er «muss» sich von vielem trennen, was er hat. Das ist noch kein freies Opfer, sondern die Wirkung, die von Maria ausgeht und die Benedictus beschrieben hat: «Der Geist in dir, er wirkt in allem, was für das Reich der Ewigkeit an Früchten reifen kann im Menschenwesen. Ertöten muss er darum vieles, was nur dem Reich des Zeitenseins gehören soll.» Der Geist in Maria tötet in Johannes «vieles, was nur dem Reich des Zeitenseins gehören soll». Wird Maria dadurch schuldig? Oder trägt Benedictus dafür die Verantwortung, weil er es ja war, der Maria «erwählt» hat, und nun diese Wirkung von ihr ausgeht? Aber, noch weiter gefragt, hat sie nicht im Geistgebiet dieser «Erwählung» zugestimmt und also doch Verantwortung übernommen? Der «logische Faden» wird hier zum «Netz», es gibt keine «eindeutigen» Antworten mehr – aber das Leid bringt Johannes auf den Weg. Wir können eben im Blick auf dieses Leid nicht mehr von Ursache oder Wirkung sprechen, sondern allein von «Liebe» als einer Karma-stiftenden Kraft: Knoten formend und Knoten lösend. Auf der Seite Marias heißt das: Verantwortung gegenüber dem Weg des Johannes. Und das wird die Signatur ihres Handelns durch alle vier Dramen. Man könnte fast sagen: ihr Handeln hat im engeren Sinn gar keinen «eigenen» Inhalt, sondern sie hat eine weit reichende Verantwortung des Begleitens in der Beziehung zu Johannes. Das macht ihren «eigenen» Weg aus und darin ist sie zugleich Urbild des Ewig-Weiblichen.

Untertauchen
Erstes – zweites – drittes – achtes Bild

Die Entwicklung des Johannes wird durch seine «Krankheit» ausgelöst: Er «welkt» dahin an Geist und Seele. Er ist zuerst nur passiv-leidend, ohne selbst zu handeln. Aber dann beginnt eine «Aktivität im Leiden». Während (erstes Bild) die Menschen nach und nach den Raum betreten und in lebhaften Unterhaltungen bewegen, was sie gehört und erlebt haben, sitzt Johannes schweigend und hört zu. Wie das von außen wahrgenommen werden konnte, erfahren wir von Capesius später (achtes Bild): «Mein Blick war dennoch stets gerichtet nach jenem leidbeladnen Maler, der in der Ecke saß und schwieg. Doch schwieg und sann er in einer ganz absonderlichen Art. Man konnte von ihm selbst wohl glauben, dass er nicht eins der Worte hörte, die neben ihm gesprochen wurden. Es schien der Kummer, dem er hingegeben, ein Leben für sich selbst zu haben. Es war, als ob der Mensch nicht hörte, als ob vielmehr der Kummer selbst Gehör besäße. Vielleicht wär's unzutreffend nicht, zu sagen, dass er ganz besessen von dem Kummer.» Was ging in Johannes vor? Seine Meditation im zweiten Bild ist eine reale Kamaloka-Erfahrung: «Ich musste in die Menschen *untertauchen*, die sich vorhin in Worten offenbarten. Ich folgt' dem einen in die Klostereinsamkeit, ich hörte in des andern Seele Felicias Märchen. Ich war ein jeder, nur selbst erstarb ich mir. Ich müsste glauben können, dass Nichts der Wesen Ursprung sei, wenn ich die Hoffnung hegen sollte, dass aus dem Nichts in mir ein Mensch je werden könne.» Er glaubt noch nicht daran und nähert sich doch der wichtigsten Erfahrung auf dem Weg zur Initiation, der Erfahrung des «Nichts». Wie kommt er zu dieser Erfahrung? Rudolf Steiner sagt dazu: «Weil er durch Selbsterkenntnis *untergetaucht* ist in diese anderen Wesen. Das Brüten ins eigene Innere macht den Menschen stolz, hochmütig. Wahre Selbsterkenntnis führt zunächst dadurch, dass wir untertauchen in fremdes Selbst, zu dem Leid.»[55] Indem Johannes in diesem übergroßen, fast

---

55 GA 125, 17.9.1910. – Rudolf Steiner berichtet aus eigener biografischer Erfahrung selbst auch von diesem *Untertauchen:* «Man gelangt nicht zur Erkenntnis, wenn man den eigenen

vernichtenden «Leid» sich dennoch seelisch halten kann, beginnt seine unmittelbare Schülerschaft im Verhältnis zu Benedictus, die bis zu dieser Zeit nur mittelbar durch Maria bestand. Am Ende des dritten Bildes sagt Benedictus: «Du bist mein wahrer Schüler erst seit der inhaltvollen Stunde, wo du an dir verzweifeln wolltest, wo du dich selbst verloren gabst, und wo die Kraft in dir dich dennoch hielt.» Damit ist das neue Lehrer-Schüler-Verhältnis gegenüber Benedictus besiegelt und damit wird auch das Verhältnis zwischen Maria und Johannes einen anderen Charakter annehmen. Johannes hat einen wichtigen Schritt zur Selbständigkeit gemacht.

Maria und Johannes
Siebentes Bild

Nachdem im ersten Bild die Lebenskrise des Johannes, sein «Welken» an Geist und Seele, und ihr Zusammenhang mit der Krise der Maria anschaubar geworden ist und nachdem dann im dritten Bild Benedictus die eigentliche Wirklichkeit der Krise enthüllt hat, tritt Maria zunächst wie in den Hintergrund und wir nehmen Anteil an den weiteren Erlebnissen des Johannes, die er meditativ in den nächsten Bildern des Dramas durchmacht. Durch den Weg, den er nun als Schüler des Benedictus geht, entwickelt sich auch das Verhältnis

---

Standpunkt absolut durchsetzen will, sondern durch Untertauchen in fremde Geistesströmungen. So schrieb ich mein Buch über Nietzsche, indem ich mich ganz auf Nietzsches Standpunkt stellte ...» (GA 262, *Aufzeichnungen für Edouard Schuré in Barr im Elsass, September 1907*).

zwischen Maria und Johannes weiter. Der Rang, den es dadurch bekommt, zeigt sich im siebenten Bild, im «Gebiet des Geistes». Da begegnen sich Maria und Johannes wieder. Es ist keine Begegnung «nur» in der Meditation als Imagination des Anderen, so wie Maria im zweiten Bild dem meditierenden Johannes «erscheint», sondern eine «wirkliche» Begegnung wie sonst in der Sinneswelt, aber jetzt im Geistgebiet. Durch eine solche Begegnung im Geistgebiet wird nicht nur eine vorhandene Wirklichkeit tiefer geschaut, sondern es werden «Tatsachen» geschaffen, die auch in der Sinneswelt ihre Wirklichkeit haben. Zwischen Geistgebiet und Sinneswelt besteht ein intimer Zusammenhang: Maria und Johannes können die Wahrheit im Geistgebiet durch ihr Verbundensein im Sinnessein «erkennen»: «Doch kannst du nur erkennen, dass Wahrheit dies Geschaute ist, wenn du im Geisterlande wieder findest ein Wesen, dem du schon in Sinneswelten im tiefsten Sein verbunden bist.» Diese Erkenntnis weitet sich über die Zeitbegrenzung aus und führt in eine frühere Inkarnation, in die Zeit der iroschottischen Mission. Sie erleben die Wirklichkeit einer langen Gemeinsamkeit. Dann tritt als Dritter Benedictus in diese Geistbegegnung ein: «Ihr habt euch selbst gefunden hier im Geistgebiet, so darf auch ich an eurer Seite wieder sein. Ich durfte euch die Kraft verleihn, die euch hierher getrieben, doch konnt' ich euch nicht selbst geleiten, so will es das Gesetz, dem ich gehorchen muss.» Und dann erfahren sie, dass ihnen aus dieser Geist-Begegnung Aufgaben in der Welt erwachsen: «Es hat das Schicksal euch verbunden, vereint die Kräfte zu entfalten, die gutem Schaffen dienen müssen. Und wandelnd auf dem Seelenpfade, wird euch die Weisheit selber lehren, dass Höchstes kann geleistet werden, wenn Seelen, die sich Geistessicherheit verliehn, in Treue sich zum Weltenheile binden.» Auf diesen Moment wird Maria später zurückblicken – in der Sinneswelt stehend – und ihn als Weihe bezeichnen: «Ich weiß, wie eng verbunden meiner Seele Johannes' Lebenswege sind. Ein schwerer Schicksalspfad hat uns geeint; und in den hohen Geisteswelten hat Götterwille unsern Bund geweiht» (II,2).

Der Tempel
Fünftes und elftes Bild

Der Tempel ist «die verborgene Mysterienstätte der Hierophanten» – ein Ort also, der keine geografischen Koordinaten hat. Sowenig wir den Tempel in der Sinneswelt finden, so wenig werden wir auch die Menschen dieses Tempels in der Sinneswelt finden. Zu allen Zeiten wurden die Geschicke der Menschheit von solchen «Tempeln»[56] aus gelenkt durch fortgeschrittene Individualitäten der Menschheit, die mit geistigen Wesen verbunden waren. Von da gingen auch die umfassenden Kulturimpulse aus, in denen sich die Entwicklung der Menschheit offenbarte und vollzog. Im dritten Drama *Der Hüter der Schwelle* wird der «Sonnentempel» als die verborgene Mysterienstätte der Hierophanten nicht mehr gezeigt (obwohl Benedictus noch «Führer des Sonnentempels» genannt wird), nur der Rosenkreuzer-Tempel als sein irdischer Repräsentant erscheint. Entsprechend ist damit ein Wende-

---

56 Rudolf Steiner spricht wiederholt von der umfassend wirksamen «Weißen Loge» (GA 92, 1. 7. 1904 u. a.), von der andere «weiße Bruderschaften» ausgehen, wie z. B. die Gralsburg im Mittelalter.

punkt in der Menschheitsentwicklung gekennzeichnet, den der *Großmeister* der Rosenkreuzer beschreibt: Die göttliche Führung der Menschheit geht allmählich auf die Menschen über, die immer mehr Eigenverantwortung zu tragen haben: «Da wandten die erhabnen Lehrer sich zurück zu ihren eignen Lebenswelten.» Jetzt sollen auch die letzten noch verschlossenen Pforten der Tempel, die «Weisheitsschätze» der Menschheit geschützt bewahren, geöffnet werden für alle, die das wollen. Und für die bisherigen Hüter – im *Hüter der Schwelle* sind das die Rosenkreuzer – bekennt der Großmeister: «Wir werden niemals von Verdiensten sprechen, die unsre Ämter uns erwerben ließen; allein von Gnade hoher Geistesmächte, die schwache Menschen sich zu Mittlern wählen und ihnen jene Schätze anvertrauen, die in der Seele Geisteslicht entbinden.» Die «hohen Geistesmächte» ziehen sich tatsächlich zurück, und heute ist die Zeit gekommen, wo die Geistesmächte immer weniger selbst führen und immer mehr nur noch als «Mitarbeiter der Menschen» wirksam werden. In diesen Zusammenhang gehört auch schon die ungewöhnliche Führungsaufgabe des Benedictus, der die Verantwortung übertragen bekommen hat, «mit seinem Rat zu dienen in den Geistersphären».

In der *Pforte der Einweihung* wird der Tempel zweimal gezeigt – als unterirdischer in der Meditation des *Johannes* (fünftes Bild) und als oberirdischer in geistiger Realität (elftes Bild). Der Blick wird uns da eröffnet in die zentralsten Angelegenheiten und Entscheidungen des Menschheitsweges. Wir schauen in die «Loge» der geistigen Führung der Menschheit, die von fortgeschrittenen Individualitäten – den Hierophanten – geleitet wird. Aber bis auf *Retardus* und *Ahriman* sind wir allen Personen und Wesen, die im Tempel auftreten, auch schon im Vorraum des Vortragssaales im ersten Bild begegnet! Und da waren sie ganz normale irdische Menschen und erschienen keineswegs alle als «fortgeschrittene» Individualitäten, in denen man Hierophanten der «Weißen Loge» hätte vermuten können. *Romanus* etwa ist im ersten Bild – das geistige Leben betreffend – eher ein beschränkter Mensch. Was ihn erfüllt, spricht er so aus: «Wenn Räderschwirren mir in die Ohren tönt, und wenn zufriedner Menschen Hände an Kurbeln ziehen, dann fühle ich die Lebensmächte.» Nun spricht er im Tempel erhabene Worte: «Es fühlt in mir der Weltenwille ...» Und gegenüber *Retardus*, der den Anbruch einer neuen Zeit noch nicht sehen kann, äußert er sich klar: «Doch ist die Zeit nun abgelaufen, die deinem Wirken zugemessen. Es fühlt in mir der Weltenwille, dass jene Menschen nahen, die ungeweiht, aus Sinnenschein den Geist entbinden können.» Wie lässt sich diese Spannung zwischen dem Hierophanten des Tempels und dem Menschen, dem «Räderschwirren» Lebensinhalt ist, fassen? Es ist nichts anderes, als was wir schon bewegt haben: die irdische Persönlichkeit muss in die «Rolle» des eigenen Urbildes hineinwachsen. Das ist ein Weg. Und gerade Romanus ist ein Beispiel für einen Menschen, der diesen Weg wirksam geht – im vierten Drama ist er dann seinem Urbild schon viele Schritte näher gekommen. Im Tempel der Hierophanten begegnen sich nicht die irdischen Persönlichkeiten, sondern ihre geistigen Urbilder. Nur bei einem Menschen wie Benedictus ist zwischen Urbild und Erdenmensch kein Unterschied mehr. *Johannes* sagt im Rückblick auf diese Tempel-Imagination: «Es zeigten sich dem Seelenauge die Brüder in dem Tempel. Sie glichen an Gestalt den Menschen, die ich im Sinnenschein schon kenne. Nur *Benedictus* auch an Geist.»

Wir haben vom apokalyptischen Moment im Märchen und in den Mysteriendramen gesprochen, der sich in dem Ruf offenbart: «Es ist an der Zeit!» Die Mysteriendramen sind Ausdruck einer Zeitenwende, deren Fälligkeit gekommen ist. Die Auseinandersetzung darum wird zunächst im Tempel geführt, in den folgenden Dramen findet sie dann immer deutlicher an anderem Ort «draußen» statt. Worum geht es dabei? *Retardus* verneint, dass eine neue Zeit gekommen sei: «Noch hat die Erde selbst durch nichts uns angekündigt, dass sie Verlangen trägt nach neuen Eingeweihten.» Neue Eingeweihte – in dem Sinne, dass sie die geistige Welt nicht mehr allein als Offenbarung empfangen wollen, sondern aktiv auf ihrem Weg selbst der geistigen Welt entgegengehen. Der Ausgangspunkt dieses Weges kann nur die Erkenntnis sein, weil nur in der Erkenntnis der Mensch frei ist. Bisher gab es im allgemeinen geistigen Leben den Erkenntnisweg nicht, zu dem sich jeder Erkenntnissucher selbst entschließen kann – und Retardus hält ihn auch für überflüssig und sogar schädlich. Nicht nach eigener Entscheidung und ungeprüft soll sich ein Mensch selbst auf den Weg machen – vielleicht unreif und deshalb nicht zu seinem Heil. Umgekehrt soll sich die geistige Welt dem Menschen nahen und sich dem «Ungeweihten» offenbaren. Für solche «Ungeweihte» tritt dann die Geist-Erfahrung als eine «Begabung» auf. Spirituelle Begabung ist etwas, was Menschen auch heute noch sehr oft beeindruckt. Dafür ist aber die Zeit abgelaufen. Man kann es hoch schätzen, wenn ein Mensch aus seinen spirituellen Gaben heraus spricht, aber in die Zukunft führende Impulse kommen im Allgemeinen aus einer anderen Seelenverfassung. Benedictus spricht darüber in Bezug auf *Johannes*: «Er ist geschritten durch die Leidensproben und hat in bittrer Seelennot den Grund gelegt zur Weihe, die ihm Erkenntnis geben soll. Erfüllt ist nun die Sendung, die mir obliegt als Geistesbote, der dieses Tempels Schätze zu Menschen bringen soll.» Es ist keine «Begabung», auf die sich Johannes beziehen könnte.

Ob die Zeit spiritueller Begabungen wirklich abgelaufen ist, muss an einem Kriterium geprüft werden, das *Retardus* nennt: «Solange nicht betreten haben den Raum, in welchem wir beraten, die Wesen, die noch ungeweiht den Geist entbinden können aus Sinnes-Wirklichkeiten, so lange bleibt mir's unbenommen, zu hemmen euren Eifer. Erst müssen sie uns Botschaft bringen, dass neue Offenbarung der Erde nötig scheint.» Und diese Wesen kommen – endgültig anzeigend, dass eine neue Zeit begonnen hat. Es sind *Felix Balde* und die *andere Maria*. Sie selbst bedürfen des Erkenntnislichtes, das vom Tempel in die Welt geht, zwar nicht – aber sie sehen, dass *die Welt* dessen bedarf. Die Erde sehnt sich nach einem spiritualisierten Denken des Menschen, weil durch die bloß intellektuellen Erkenntniskräfte die Welt letztlich zerstört wird. Sie wollen nun mit dem Tempel zusammenarbeiten, wie das die andere Maria sagt: «Ich hör' aus deinen Worten, Bruder Felix, dass du die Zeit als abgelaufen denkst, da wir dem Erdendasein dienen sollten, um ohne Weihe durch das Weisheitslicht aus eignen Lebensgründen Geist und Liebe im Dasein zu beleben. In dir erhoben sich die Erdengeister, um ohne Wissenschaft dir Licht zu schaffen. In mir hat Liebe walten dürfen, die in dem Menschensein sich selbst bewirkt. Wir wollen ferner im Verein mit jenen Brüdern, die in dem Tempel leisten Weihedienste, in Menschenseelen fruchtbar wirken.» Rosenkreuzerische Gesinnung wirkt in diesen beiden, die «dem Erdendasein dienen» wollen. Sie kommen in den Sonnentempel des Benedictus, von wo aus eine spiritualisierte Erkenntnis in die Welt strömen möchte aus der Wirklichkeit einer neuen Zeit, die von Michael geleitet wird. In der *Pforte der Einweihung* kommen die Rosenkreuzer in den Sonnentempel und verbinden sich mit dem Michael-Impuls. Im *Hüter der Schwelle* geschieht am Schluss das Umgekehrte: Die «Schüler des Benedictus» verbinden sich mit dem Rosenkreuzer-Tempel und treten dort in die Verantwortung ein. Aus zwei Richtungen geschieht die Vereinigung der Rosenkreuzer-Strömung mit dem Michael-Impuls – in zwei unterschiedenen Tempeln.

Nachspiel zur «Pforte der Einweihung»

Das zweite Mysteriendrama *Die Prüfung der Seele* hat den Untertitel *Szenisches Lebensbild als Nachspiel zur «Pforte der Einweihung»*. Aber auch vom ersten Drama spricht Rudolf Steiner jetzt, ein Jahr nach seiner Uraufführung, als einem «Lebensbild»[57]. Die beiden ersten Mysteriendramen sind so als *szenische Lebensbilder*[58] zu verstehen. Darüber hinaus wird das zweite Mysteriendrama aber auch als «Nachspiel» des ersten bezeichnet. Das ist zunächst überraschend, denn das typische Nachspiel nach einem ernsten Theaterstück steht ja in der Tradition des griechischen Satyrspiels.[59] Erst im 19. Jahrhundert kommen auch Nachspiele außerhalb dieser Tradition auf, die mit dem Hauptstück in einem weiterführenden thematischen Zusammenhang stehen als Nachtrag oder Ausblick aus dem Stück. Dieser Nachtrag ist

---

57 «…dem früher von mir erschienenen Lebensbilde *Die Pforte der Einweihung* …» (Personenverzeichnis von *Die Prüfung der Seele*).

58 In diesem Ausdruck klingt noch die Überleitung der «feinen Märchenbilder» in die (szenisch-) «realen Gestalten» (GA 197, 22.11.1920) des ersten Dramas nach.

59 Auch Rudolf Steiner hat 1915 im Anschluss an die für die Eurythmie gegebenen *Zwölf Stimmungen* ein eurythmisches Nachspiel folgen lassen, *Das Lied von der Initiation – Eine Satire,* mit der einleitenden Bemerkung: «Ich hoffe, dass man die folgende ‹Satire› nicht missverstehen werde …» (GA 40).

hier offensichtlich die *Seelenprüfung*, die auf das erste Drama noch folgen muss.

Am Ende der *Pforte der Einweihung*, im 13. Bild, finden sich die wesentlichen Träger der Handlung im Tempel ein – die verschiedenen Handlungsströme und Impulse können jetzt zusammenfließen. Etwas Abschließendes scheint erreicht worden zu sein, indem jeder der Protagonisten die ihm jeweils eigene Zukunftsperspektive findet. Welcher Nachtrag sollte da noch notwendig sein? Natürlich wird der Handlungsstrom noch weiter gehen, vergleichbar dem Volksmärchen mit seinem Abschluss in der Hochzeit des Helden mit der Königstochter, wo es auch eine Zeit *nach* der Hochzeit geben wird. Aber diese Zeit scheint im Vergleich zum Weg, der zur Hochzeit geführt hat, nicht mehr wesentlich zu sein. Man kann sich da mit der Formel begnügen: «Und wenn sie nicht gestorben sind, so leben sie heute noch.» Das Urbild der Hochzeit umfasst alles. Aber hier ist es anders: es geht um die Zeit, die *nach* der Hochzeit kommt. Die aber ist Prüfung, denn das «Ja» der Hochzeit schließt vieles ein, was einem zunächst noch nicht bewusst ist. Geprüft wird also, welche Wirklichkeit der Hochzeit zukommt, das heißt dem, was im Tempel am Ende des ersten Dramas als Zukunftsausblick für jeden möglich wird. Die drei Repräsentanten des «strebenden Menschen»[60] und Maria als Repräsentantin des «ewig Weiblichen» machen in den ersten vier Szenen ihre jeweils ganz verschiedene Prüfung durch: im ersten Bild Capesius, dann folgen Maria, Johannes, Strader.

Außer diesen Prüfungen gibt es noch einen weiteren

---

60 Siehe Kapitel *Der «strebende Mensch» in den Mysteriendramen*, Seite 47 ff.

Nachtrag in der *Prüfung der Seele.* In der *Pforte der Einweihung* steht der Weg des Einzelnen, insbesondere des Johannes Thomasius, im Vordergrund. Der karmische Zusammenhang der Menschen, die im ersten Bild alle zusammenkommen, bleibt noch verborgen. Auch der damit zusammenhängende Wiederverkörperungsgedanke scheint nur einmal auf, im siebenten Bild, und erhellt die karmische Beziehung, die zwischen Johannes und Maria aus der Zeit der iro-schottischen Mission besteht. Nun kommt der große Schritt, dass über Wiederverkörperung nicht nur allgemein gesprochen (Strader im vierten Bild von *Die Prüfung der Seele*) oder Konkretes mitgeteilt wird (Theodora im siebenten Bild der *Pforte der Einweihung*), sondern zum ersten Mal erscheint die Rückschau (von Maria, Johannes und Capesius) in die vergangene Inkarnation einer karmisch verbundenen Menschengruppe in dramatischer Handlung auf der Bühne. Der Karma-Gedanke als eigentlicher Schlüssel zum konkret-sozialen Zusammenleben des modernen Menschen, der unsere Kultur heute befruchten muss, ist der Kern von *Die Prüfung der Seele* und wesentlicher Nachtrag zum ersten Mysteriendrama.[61] Das Bewusstsein von einem karmischen Netz, das die Menschen verbindet und aus Schuld und Vergebung, Opfer und Pflicht gewoben ist, wird für das künftige soziale Leben immer mehr an Bedeutung gewinnen.

Die Prüfung des auf inneren Wegen Erreichten einerseits

---

61 Die erste Darstellung einer konkreten Inkarnationen-Folge gibt Rudolf Steiner erst zwei Jahre vorher am 6. Januar 1909 in der Weihnachtsfeier des Münchner Zweigs. Sie bezieht sich auf den Zusammenhang der Gestalten *Novalis – Raffael – Johannes – Elias* («Beiträge ...» Nr. 14, 1965).

und das erlebende Bewusstsein von Wiederverkörperung und Karma andererseits machen also den wesentlichen Inhalt des «Nachspiels» aus, als welches das zweite Mysteriendrama *Die Prüfung der Seele* im Verhältnis zum ersten *Die Pforte der Einweihung* erscheint.

Johannes – Capesius – Strader

Es gibt noch eine ganz andere Beziehung zwischen dem ersten und zweiten Mysteriendrama. Für jedes Drama gibt es eine Hauptgestalt, die ihm wie eine Art Überschrift den inneren Charakter gibt und jeweils das erste Bild beherrscht. In der *Pforte der Einweihung* ist Johannes die Hauptgestalt. Er führt auch das Personenverzeichnis an[62] und seine Anwesenheit beherrscht das erste Bild – paradoxerweise gerade dadurch, dass er im Wesentlichen im Hintergrund bleibt, während im Vordergrund die vielen Menschen sich über das Gehörte austauschen. Sein Handeln ist *Untertauchen* in die Menschen.

In vieler Hinsicht polar zu Johannes gibt Capesius für *Die Prüfung der Seele* den Ton an. Auch er beherrscht hier das erste Bild. Aber während Johannes im Nachklang einer gehörten Rede in die vielen Menschen, die sich auf der Bühne versammeln, «untertaucht», sitzt Capesius im Nachklang von Gelesenem allein auf der Bühne – im Gespräch mit sich selbst und dem «Lebensbuch» des Benedictus. Das Personenverzeichnis des zweiten Dramas wird entsprechend von

62 Die Reihenfolge der ersten Gestalten ist: *Johannes Thomasius – Maria – Benedictus – Theodosius …*

Capesius angeführt.[63] Das erste Drama ist das des Johannes: er beginnt auf seinen Weg zu kommen und wird «wahrer Schüler» des Benedictus.[64] Im zweiten Drama versucht entsprechend auch Capesius, auf seinen Weg zu kommen. Das misslingt aber, er kann noch nicht wirklich Schüler des Benedictus[65] werden und gerät in tiefe Verzweiflung.[66]

Folgerichtig wäre nun, dass das dritte Mysteriendrama (das 1911, im Jahr der Uraufführung von *Die Prüfung der Seele*, ja noch ungeschrieben war) das des Strader werden würde und er – schon im ersten Bild die Richtung des Dramas angebend – als Hauptgestalt im Verlauf auf seinen eigenen inneren Weg käme. Vermutlich würde er dann auch das Personenverzeichnis anführen. Tatsächlich findet sich vieles davon im dritten Mysteriendrama *Der Hüter der Schwelle*. Theodora weist aus der geistigen Welt Strader auf die Geistesschülerschaft hin (5. Bild): «Er muss, dass diese Ziele sich

---

63 Die Reihenfolge der ersten Gestalten ist hier: *Capesius – Benedictus – Philia – Astrid – Luna …*

64 Benedictus kann sagen: «Du bist mein wahrer Schüler erst seit der inhaltvollen Stunde, wo du an dir verzweifeln wolltest, wo du dich selbst verloren gabst, und wo die Kraft in dir dich dennoch hielt» (3. Bild).

65 Im «Hüter der Schwelle» (6. Bild) sagt Benedictus: «Capesius, du bist in meine Kreise in deinen Erdenzeiten eingetreten, obgleich du wissend nie mein Schüler warst.»

66 Allerdings kann schon nach nicht langer Zeit von ihm gesagt werden: «Er hatte sich nach langem Forscherleben zur Geistesschülerschaft hindurchgekämpft» (*Der Hüter der Schwelle*, Theodora im vierten Bild). Ein unmittelbarer Schüler des Benedictus ist er damit allerdings «wissend» noch nicht geworden (Benedictus im sechsten Bild des *Hüters der Schwelle*).

ihm zeigen, als Schüler sich an Benedictus wenden.» Strader beherrscht auch in einer gewissen Weise das erste Bild und den weiteren Gang des Dramas. Aber das dritte Drama ist doch nicht einfach die Fortsetzung (oder «Nachspiel») des zweiten. Der Gang der Handlung hat eine andere Richtung bekommen, auch das Personenverzeichnis hat jetzt eine bestimmte Gliederung bekommen («nachträglich», wie Rudolf Steiner betont) und vieles ist jetzt anders, auch der Zeit nach: die Handlung spielt etwa 13 Jahre nach der *Pforte der Einweihung*. Faust, der «strebende Mensch» war Einer. Der strebende Mensch in seiner Dreiheit, wie er durch Johannes, Capesius und Strader in den Mysteriendramen repräsentiert wird, würde, wenn jeder seinen Weg «gerade» gehen könnte, drei «klassische» Dramen fordern – für jeden eines. Die Umwege, Verhinderungen und Befangenheiten der Protagonisten aber bringen viele Mysteriendramen hervor. Vier davon hat Rudolf Steiner zur Aufführung bringen können.

Capesius
Erstes Bild

Das Drama des Capesius beginnt – wie bei Johannes – mit der inneren Krise. Sie entzündet sich für ihn an der Lektüre des «Lebensbuches», das Benedictus geschrieben hat. Er hat Vertrauen zu dem Verfasser und müht sich, aber er schafft es nicht und kann den Zugang nicht finden. Er ist nicht resignativ wie Strader, der sich zu dem Bekenntnis gedrängt fühlt, «dass niemand wissen kann, woraus des Denkens Quellen strömen und wo des Daseins Gründe liegen»

(I,1). Capesius hat durchaus einen Erkenntniswillen. Er fühlt sogar eine Art Pflicht zu verstehen, denn an Johannes hat er erlebt, durch welche Verwandlungen ein Mensch gehen kann, wenn er Schritte auf dem inneren Weg macht. «Da trat in meine Lebensbahn Thomasius, der junge Maler. Er schritt durch wahre Seelenkräfte zu jener hohen Geistesart, die Menschenwesen wandelt und aus verborgnen Seelenschachten entsteigen lässt die Kräfte, die Daseinsquellen schaffen. Was ihm erwuchs aus Seelengründen, es ruht in jedem Menschen. Und weil es mir an ihm sich offenbarte, erkenn' ich als des Lebens größte Sünde, den Geistesschatz verfallen lassen.» Dass Johannes Thomasius einen so großen Eindruck auf ihn machen kann, lässt auf eine tiefere – karmische – Beziehung schließen. Er fühlt nun eine Verpflichtung: «So weiß ich, dass ich suchen muss, und darf im Zweifel nicht verharren …, nachdem ich deutlich hab' erfahren, dass ich nicht Ruhe finden darf, bevor der Geistesschatz in meiner Seele das Licht des Tages hat gefunden.» Aber die gefühlte Überforderung dieser Verpflichtung gegenüber erdrückt ihn innerlich. Er empfindet, als ob alles, was ihn bisher getragen, «zusammenstürzen und in seinen Trümmern zum Nichts» ihn wandeln müsse. Ihm fehlt, so erlebt er es, dazu die Kraft.

Aber hier liegt schon die Täuschung, die ihn jetzt hindert, seinen Weg zu gehen. Als die Gestalten der Seelenkräfte erscheinen, sagt Luna zu ihm: «Die Kraft, sie fehlt dir nicht zum edlen Geistesflug … Der Mut nur fehlet dir, ins Wollen zu ergießen die Lebenszuversicht.» Das ist ein überraschender Gedanke, bei einer gefühlten Überforderung sich zu sagen: es liegt nicht an der Kraft, sondern am Mut! Das liegt auch in dem, was Rudolf Steiner über Schröer / Capesius gesagt hat[67]: «In Schröer zeigte sich das Zurückschrecken vor der Intellektualität ... So sehen wir, wie in Schröer der Goetheanismus vor dem Tore des in Spiritualismus verwandelten Intellektualismus stehen geblieben ist. Was konnte man denn eigentlich anderes tun, wenn man, ich möchte sagen, von Schröer angeregt ist, als weiter fortzuführen den Goetheanismus in die Anthroposophie hinein!»[68] Wenn man vor etwas zurückschreckt, wird man einsam, weil man sich im Zurückschrecken in sich selbst zurückzieht. Das ist eine wesentliche Signatur der Capesius-Individualität. Auch die vorhergehenden Inkarnationen, die wir kennenlernen – im Mittelalter und in Ägypten – zeigen diese Einsamkeit. Im alten Ägypten war die Einsamkeit noch mit Mut verbunden. Der Opferweise im ägyptischen Tempel fühlt eine Zeitenwende kommen – er allein. «Ich lerne sie fürwahr hier tief erkennen: Die Einsamkeit am ernsten Geistesort. Warum bin ich an diesem Ort allein?» (IV,7). Er hat aber aus dieser Einsicht und Einsamkeit heraus den Mut, im entscheidenden Moment bei der Einweihungs-Handlung um der Sache willen gegen die überkommenen Pflichten zu handeln und den empörten Tempelweisen zu antworten: «Die Wahrheit hat gesiegt. Ihr mögt mich strafen; ich musste tun, was ihr in Furcht erlebt» (IV,8). In der mittelalterlichen Inkarnation führt sein Einsamkeitsstreben dazu, die Familie und damit verbundene soziale Verantwortung als Fessel zu erleben und sich allein auf den Weg zu machen, um Tempelritter zu werden. Aber er muss bekennen: «Ich konnte dies, mit jener Schuld beladen, die aus der Liebe Gegenteil entsprungen. Des Bundes weise

---

67 Siehe Kapitel *Das Künstlerische ist immer konkret,* Seite 29 ff.

68 GA 238, 23.9.1924.

Menschenführung, sie hat an mir sich klar gezeigt. Er hat in seine Mitte mich genommen und seine strengen Regeln mir gegeben. Ich sah zur Selbsterkenntnis mich gezwungen, die wohl auf andern Lebenspfaden mir ferne hätte bleiben müssen» (II,8). Und schließlich in der Gegenwart wird das Streben nach Einsamkeit, das ihn auch immer wieder zu den Baldes, «in Felix' Waldeseinsamkeit»[69] führt, mit dem Zurückschrecken vor einem «in Spiritualismus verwandelten Intellektualismus» verbunden. Es fehlt ihm nicht an Kraft, sondern an Mut, das «Lebensbuch» des Benedictus zu verstehen. Die Einsamkeit führt ihn zuletzt wie in eine innere Spaltung: «Zu viel, zu viel – wo ist Capesius? Ich fleh' zu euch, ihr unbekannten Mächte, wo ist – Capesius? Wo bin ich selbst?» (II,1). Das wird dann der Augenblick, wo Benedictus «unerwartet» erscheint: «Verborgen ist's mir nicht, dass ich im Lebenskampfe euch getroffen. Ich wusst' es lange schon, dass wir uns so begegnen müssen. Gewöhnet euch, zu wandeln mancher Worte Sinn, wenn wir uns ganz verstehen sollen. Und wundert euch dann nicht, wenn euer Schmerz in meiner Sprache den Namen ändern muss. – Ich finde euch im Glücke.» Das «Glück» des Capesius ist die Möglichkeit eines ganz neuen Anfangs in seiner Biografie. Das geht nur durch den Schmerz der Krise. Für Johannes war das «Bewusstsein schwerster Schuld» der Ausgang des Neuen, für Capesius ist es die Einsamkeit und der daraus hervorgehende Verlust der eigenen Wirklichkeit.

Ein neuer Weg beginnt für Capesius, der ihn aber im weiteren Verlauf des Dramas erst einmal in eine tragische Entwicklung führt, nämlich zum gänzlichen Rückzug von der

---

69 *Der Hüter der Schwelle*, Theodora im vierten Bild.

Welt in einen geistigen Sonderzustand, in welchem er sogar der äußeren Pflege durch die Baldes bedarf. Die Einsamkeit in der ersten Szene wird am Ende zu einer spirituellen Tatsache. Er ist so schockiert durch das, was er erlebt, dass er sich aus der Sinneswelt zurückzieht «in die geistige Welt». Wie es möglich ist, dass ein Mensch in seinem Zustand überhaupt vorbeigelassen wird am Hüter der Schwelle, erhellt sich erst später. «Dem ernsten Forscher musste [das Tor zur geistigen Welt] geöffnet, doch hinter ihm sogleich verschlossen werden. Er hätte durch die Art, wie er vorher im Sinnensein die Kräfte sich erworben, im Geistgebiet nicht weiter dringen können. Er kann sich für die hohen Menschheitsdienste, die er in Zukunft wird zu leisten haben, am besten vorbereiten, wenn er achtlos an unsrer Gegenwart vorübergeht.»[70] So wird er scheinbar zu einem «psychiatrischen Fall». Er ist wie abwesend und schweigt, die Leute unterhalten sich, und irgendwann sagt er etwas, scheinbar ohne Zusammenhang mit dem sozialen Geschehen, das doch auf eine eigentümliche Weise zu der Unterhaltung passt. Man weiß gar nicht, ob und wann er zugehört hat. Mit einem anderen Teil seines Wesens jedoch ist er in der geistigen Welt ganz «anwesend» und macht vieles durch. Und weil überall, wo Sonderung und Trennung herrschen, Luzifer mitwirkt, kann man erwarten, dass Capesius sich in der geistigen Welt im Umkreis von Luzifer aufhält. Das ist die Gefährdung seines Weges – weil er «achtlos an unsrer Gegenwart vorübergeht». Zugleich kommen von Luzifer aber auch die hohen Gaben der Erkenntnis und Weisheit, die seiner Zukunft dienen sollen. Auch hier durchlebt er eine Spaltung, die er nicht allein wird bewältigen können.

---

70 *Der Hüter der Schwelle*, Felix Balde im fünften Bild.

Marias Prüfung
Zweites und drittes Bild

Des Capesius Erleben einer inneren Gespaltenheit entspricht die Trennungserfahrung, durch die Maria gehen muss. Aber ihrer Reife entspricht es, dass ihr diese Trennung nicht von außen aufgenötigt wird, sondern dass sie aus Einsicht in die Notwendigkeit diese Trennung selbst herbeiführt. Sie «weiß» um die Wirklichkeit der Beziehung von Johannes zu ihr, aber sie kann einen Teil dieses Wissens nur als «finstre Ahnung» verstehen, der zu folgen ihr «wie Frevel scheint». In Bezug auf Johannes kann sie zunächst nur eines sehen: «Ich weiß, wie eng verbunden meiner Seele Johannes' Lebenswege sind. Ein schwerer Schicksalspfad hat uns geeint; und in den hohen Geisteswelten hat Götterwille unsern Bund geweiht. Das alles steht so klar vor mir, wie nur der Wahrheit Bild allein.» Und nun hat sie die «finstere Ahnung», dass eine Trennung von Johannes notwendig sei. Sie sucht den Rat des Benedictus, und wenige fragende Hinweise von ihm genügen, dass ihr die volle Wirklichkeit der Beziehung zu Johannes bewusst wird. «Erst jetzt erkenne ich, wie Wissenseitelkeit die Seele kann verführen; dass sie, statt Kraft zu saugen aus ihr gereichtem Geistesgut, die Gabe nur gebrauchen will zu frevler Selbstbespiegelung … Ich sehe meiner Seele Eigenleben wirkend in meines Freundes Wesen und in seinem Schaffen. So such' ich nach Befriedigung, die ich empfinde an dem eignen Selbst; und lebe in dem Wahne, dass ich selbstlos sei. Verborgen ist mir doch geblieben, dass ich im Freunde nur mich *selbst* bespiegle. Es war der Selbstsucht Drache, der täuschend mir verhüllte, was mich in Wahrheit trieb» (II,2). Sie kann den – im gewöhnlichen Sinn – schmerzlichen Entschluss zu Trennung fassen aus Liebe zu dem Freund: um seiner Freiheit und Selbständigkeit willen. Dadurch wird sie reif, auch noch die tieferen Gründe zu erkennen, die diese Trennung notwendig machen und die in ihrem eigenen Karma liegen. «Und jetzt erst kann ich ahnen, dass ich in Finsternisse blicken muss, wenn ich den Weg ergründen will, der von des Lebens Gegenwart mich führt in jene Zeiten, da meines Freundes Seele sich zugewandt der meinen.» Diese Finsternisse werden sich in der Rückschau in ihre mittelalterliche Inkarnation finden.

Die Realisierung ihres Entschlusses geschieht im Atelier von Johannes: *Ein Zimmer in rosenrotem Grundton* heißt Steiners Regie-Angabe dafür. Die gleiche Angabe gilt auch für den Vorraum zum Vortragssaal im ersten Bild von *Die Pforte der Einweihung*, in dem vor Jahren die Gespräche der vielen Menschen stattfanden und wo Maria als «des Hauses Leiterin»[71] waltet. Ein subtiler Hinweis auf die Wirklichkeit der Beziehung ist auch damit gegeben.

Johannes kann den Sinn ihrer Worte nicht verstehen, wenn sie zu ihm sagt: «Bedenk', Johannes, dass die Eine Seele, getrennt von andern, als ein Eigenwesen seit Weltbeginn sich selbst entfalten muss. Die Liebe soll getrennte Wesen binden, doch nicht die Eigenheiten töten wollen.» In äußerster Knappheit – jedes Wort hat Gewicht und Bedeutung – wird hier eine fundamentale Charakterisierung der Liebe gegeben. Sie ist der Schlüssel für das «Beziehungsdrama» zwischen Johannes und Maria auf höchstem Niveau, das sich nun durch alles Weitere hindurchziehen wird.

---

71 *Die Pforte der Einweihung*, Capesius im ersten Bild.

Johannes und Luzifer
Drittes und zwölftes Bild

Am Ende des ersten Bildes in *Die Pforte der Einweihung*, nachdem Maria den Raum verlassen hat, kommt Helena, «deren Urbild im Verlaufe als Lucifer sich offenbart», zurück. Sie versucht Johannes davon zu überzeigen, dass mit dem Streben nach Wahrheit keineswegs krisenhafte Erfahrungen verbunden sein müssen, sondern «freie Seligkeit» erlebt werden kann. Johannes weist das in völliger innerer Sicherheit zurück: «Dass Sinne Wahn nur künden, wenn Geist-Erkenntnis als Genossin sich ihnen nicht verbündet, ich brauchte viele Jahre, um dies verstehn zu können. Dass selbst der höchsten Weisheit Worte in *deinem* Wesen Seelenwahn nur sind, das zeigt ein einziger Augenblick.» Ganz anders klingen aber seine Worte dann am Schluss des zwölften Bildes von *Die Prüfung der Seele.* Da spricht er zu Luzifer: «Seit lange glaubt' ich dich schon ganz zu kennen, doch lebte mir im Innern nur ein Schemen, den Geistesschau von dir mir vorgebildet … Vertrauensvoll ergeb' ich mich dem Willen, der weiser als die Menschenseele ist.» Er «ergibt» sich damit Luzifer! Was hat zu dieser Wendung geführt?

Luzifer wird von Christian Morgenstern charakterisiert als «Geist der Sonderheit und der Verneinung»[72]. Wo immer Trennungen und Absonderungen sich in der Welt ereignen, hat Luzifer mitwirkenden Zugang. Das gilt für die sozialen Verhältnisse der Menschen untereinander gleichermaßen wie für kosmische Ereignisse. Indem Maria sich von Johannes trennt, gibt sie deshalb notwendig – auch wenn sie

72 In dem Gedicht «Lucifer».

das nicht «will» – Luzifer Zugang zu den beteiligten Seelen. Zu ihr selber findet Luzifer keinen Zugang, weil ihr Trennungs-Entschluss gerade nicht einer luziferischen Anwandlung entstammt, sondern im Gegenteil *gegen* Luzifer gerichtet ist: gegen «Wissenseitelkeit», gegen den «Drachen der Selbstsucht», gegen «Selbstbespiegelung». Johannes dagegen erlebt die Trennung als eine Art Geworfensein in sein eigenes Selbst, den Zwang, sich von Maria *unterscheiden* zu müssen und auf *andere* Weise als bisher seinen Weg zu suchen. In Zukunft wird er sich einmal selbst führen. Aber bis dieses *eigentliche Selbst* ihn führen kann, wird Luzifer dessen Stelle einnehmen: nicht führend, sondern verführend.

Maria wächst dadurch eine neue Verantwortung zu. Es war ihre Entscheidung zur Trennung, die Johannes zu Luzifer hingetrieben hat. Nun muss sie Verantwortung dafür übernehmen und will «den Opferwillen lenken»[73], der sie dazu führt, in Luzifers Reich einmal ihr «heilig ernst Gelöbnis»[74] abzulegen, das als Opfertat dem Schicksal des Johannes zufließen kann. Dass sie sich von Johannes trennt, entspricht einer von ihr frei anerkannten Notwendigkeit: die Trennung geschieht um der inneren Selbständigkeit willen, die Johannes finden muss. Sie entspringt aber auch einer karmischen Notwendigkeit als Ausgleich für das, was sie in der letzten (mittelalterlichen) Inkarnation als Schuld auf sich geladen hat. Das ahnt sie erst, wird es aber dann bald in der Rückschau erleben. Aber das Ungewöhnliche tritt ein, das nach irdischer Logik sogar widersinnig ist, dass die notwendige Trennung dennoch eine neue «Schuld» begründet:

---

73 *Die Prüfung der Seele*, Maria im dreizehnten Bild.

74 *Der Hüter der Schwelle*, Benedictus im dritten Bild.

sie «schuldet» dem Johannes nun die (gänzlich freilassende) Hilfe, im Reich Luzifers, des Wunschgebieters, nicht dauerhaft gefangen zu bleiben – und nur ein Opfer ist freilassende Hilfe.

So ist die Trennung Marias von Johannes auf der einen Seite Schuldausgleich (Mittelalter), auf der anderen Seite Schuldbegründung (Johannes' Abhängigkeit von Luzifer). Man sieht, wie sich hier, im Licht des Karma-Gedankens, der logisch-widerspruchsfreie Schuldbegriff aufzulösen beginnt und in «Bewegung» kommt.

Strader und der Wiederverkörperungsgedanke
Viertes Bild

Zur Dreiheit des «strebenden Menschen» in den Mysteriendramen gehört Strader. Er ist der noch am wenigsten Fortgeschrittene und bei seiner *Prüfung* ist Benedictus noch nicht unmittelbar helfend und beratend beteiligt. An dieser Stelle steht – noch – Capesius. Strader sucht nach langer Zeit wieder Capesius auf – als ein Verwandelter. Sein Leben hat eine neue Wendung genommen, seit der Begegnung mit Theodora im Haus der Maria. Das liegt mehrere Jahre zurück.[75] Nun gesteht er Capesius freimütig: «Gedenkt ihr noch des Tages, da eine Seherin durch ihrer Worte Wahrheit mir klar des eignen Weges Irrtum wies?» Sein ganzes bisheriges Weltbild hat sich seither verändert und zu einer folgenschweren

75 Für die Ereignisse der *Prüfung der Seele* gilt, dass sie «mehrere Jahre nach der Zeit liegen, in welcher *Die Pforte der Einweihung* spielt».

Erkenntnis geführt: «Was kann Naturerkenntnis lehren, wie wir sie jetzt schon überschauen können? Es gibt da kein Entweichen: Des Erdenlebens Wiederholung, sie kann und darf kein Denken leugnen, das nicht mit allem brechen will, was Forscherfleiß erkannt in langer Zeiten Lauf.» Nun könnte man denken, Strader habe mit dieser Erkenntnis endlich den Anschluss des Naturwissenschaftlers an die Geisteswissenschaft gefunden. Auch Capesius fühlt zunächst so: «Es wäre mir durch solch Erlebnis gar vieles Leid erspart geblieben. Ersehnt hab' ich in mancher Nacht, die schlaflos ich vollbracht, dass mir Gedanken dieser Art Erlösung bringen möchten.» Aber nicht so Strader: «Doch mir hat dieser Geistesblitz die letzten Kräfte noch geraubt ...» Wie soll man das verstehen?

Für den Osten ist der Wiederverkörperungsgedanke vergangenheitsbestimmt: das Karma muss ausgeglichen werden. Leben ist Leiden. Der westliche Wiederverkörperungsgedanke als etwas ganz Neues, wie er in voller Klarheit wohl zum ersten Mal bei Lessing aufgetreten ist[76], gründet sich auf den Entwicklungsgedanken, wie er in der Goethe-Zeit von den großen Geistern des Idealismus ausgebildet wurde. Erst Darwin hat den Entwicklungsgedanken rein materialistisch aufgefasst und die Entwicklungsprozesse der Natur mit den Begriffen «Mutation» und «Selektion» mechanistisch gedeutet. Die Natur wird zur Maschine, der lebendige Entwicklungsgedanke ist erstorben. Wenn ein vorurteilsfreies Denken aber, wie es Strader schließlich übt, dennoch zum Wiederverkörperungsgedanken führt, ja führen muss, entsteht in Verbindung mit dem toten Entwicklungsgedanken eine rein mechanistische Wiederverkörperungs-Vorstellung

76 «Die Erziehung des Menschengeschlechts» (1780).

als Schreckenstatsache. Alles in der Biografie erscheint dann karmisch-mechanisch determiniert. Die eigentliche moderne Wiederverkörperungs-Idee, die sich auf einen lebendigen Entwicklungsgedanken gründet, geht dann wieder verloren. Strader haftet am «Lebensräderwerk». Er erlebt sich zutiefst als «Fremdling» in dieser Welt in allen biografischen Momenten und muss das als karmisch bedingt deuten, verursacht nach anonymen karmisch-mechanischen Gesetzen durch Mächte, denen er «in Dumpfheit» unterliegt. So bricht er in Verzweiflung aus: «Nimm ganz mich hin, du Lebensräderwerk; ich will nicht wissen, wie du's treibst.»

Der Kern von Straders Prüfung und Krise ist das Überwältigtwerden von einer anonymen, mechanistischen Weltordnung, in der er sich nur noch als *Fremdling* erleben kann. Man kann schon hier das Wirken Ahrimans erkennen, der anonymisierend[77] dem Menschen seinen «Namen» nimmt und ihn so zum Fremdling der Welt macht. Strader ist in diesem Schicksal – noch – befangen. Capesius sieht weiter: «Der Mann, den ich erkannt in euch, er kann in solcher Wissensöde nicht lange bleiben, auch wenn er wollte. Mir stehn die Tage schon vor Augen, in denen wir uns anders finden werden.» Ein oder zwei Jahre später kommen diese Tage.[78] Auch Capesius muss sich ja in dieser Zeit erst noch «nach langem Forscherleben zur Geistesschülerschaft» hindurchkämpfen, wie Theodora später im Rückblick schildert.[79] In Capesius' Haus wird Theodora Strader begegnen und – endlich – seinen «Wissensschmerzen Heilung bringen».

---

77 «anonym» (griechisch) bedeutet «ohne Namen».

78 In der Zeit, die zwischen dem zweiten und dritten Drama liegt.

79 *Der Hüter der Schwelle*, Theodora im vierten Bild.

Bei Johannes ist (schon im ersten Drama) der innere Wendepunkt das Bewusstsein der *Schuld*, bei Capesius die *Einsamkeit*. Strader bleibt der erlittenen *Fremdheit* gegenüber zunächst ganz ohnmächtig – und auch die Erkenntnis des Wiederverkörperungsgedankens kann ihn nicht zu Neuem führen. So bleibt er zunächst weiterhin zurück hinter Maria, Johannes und Capesius.

Rückschau in das 14. Jahrhundert
Fünftes bis zehntes Bild

Die Rückschau in das 14. Jahrhundert hat im fünften Bild eine Vorbereitung und im zehnten Bild eine Aufarbeitung. Das geschieht jeweils in der «Landschaft, in welcher sich das einsame Haus Baldes befindet»[80]. Die Szene ist von Capesius geprägt. Er erscheint als Erster – mit «friedelosem Herzen». Das Märchen vom Quellenwunder, das Frau Balde ihm zur Seelen-Gesundung erzählt, wird für ihn zugleich die Vorbereitung und ein allmähliches Hineingleiten in einen «Traum». Von da nimmt seine karmische Rückschau ihren Ausgang: «Ein Traum nur, doch erschütternd war der Traum. Ich weiß, dass ich gewiss in diesem Leben dergleichen niemals kann erfahren haben … Mich zieht es urgewaltig nach den Bildern: O, könnte ich den Traum doch wieder schauen.»

Als Nächster kommt Johannes, tief erschüttert davon, «was die Freundin in milder Ruhe, doch so ernst, von unsrer Trennung sprach … Ich kann nicht, ich will sie nicht be-

80 Szenenangabe zum fünften und zehnten Bild.

folgen, die Mahnung, die Maria fand, zu übertönen meiner Seele Stimme, die unaufhörlich spricht: *Ich liebe sie.*» Da hat er unversehens die Begegnung mit dem Doppelgänger, der ihm schonungslos spiegelt, welche unbewussten Untiefen in seiner Liebe zu Maria wirksam sind. Die *Stimme des Gewissens* fasst zusammen: «So spricht verschwiegene, doch nicht vertriebene, vom Schein gemiedene, im Blut gebliebene geheime Kraft der Leidenschaft.» Für Johannes wird dieses Erlebnis der Ausgang seiner karmischen Rückschau.

Maria wird als Dritte die Rückschau zugleich mit Capesius und Johannes haben. Aber sie erscheint in dieser Szene nicht.

Im folgenden sechsten Bild tauchen wir ein in das frühe 14. Jahrhundert in eine Gegend, für die das Burgenland südlich von Wien denkbar wäre. Die Zeit lässt sich aufgrund verschiedener Angaben Rudolf Steiners ziemlich genau als das Jahr 1324 bestimmen. Es war die Zeit nach der Ausrottung des Templerordens[81], in einigen Gegenden, die außerhalb des unmittelbaren Einflussbereiches von Philipp IV. von Frankreich lagen, gab es noch Templer-Burgen, deren Lage aber letztlich hoch bedroht war. Burg Lockenhaus im Burgenland war eine solche Burg, die auch ein Bergwerk betrieb, in dem Antimon abgebaut wurde. Das entspricht etwa der Situation, wie wir sie im sechsten bis neunten Bild in der *Prüfung der*

81 Vernichtung der Templer unter Philipp IV. 1307 – 1314 (Jakob von Molay †). Zehn Jahre später, 1324, sagt der Großmeister: «Seit unser teures Haupt gefallen als Opfer jener dunklen Mächte, die aus dem Bösen ihre Kräfte holen, um durch des Widerstandes Kraft in ihrer Art der Weisheit Plan zu dienen, die Gutes auch aus Bösem wirkt – seit dieser Zeit ist hoffnungslos all unser Erdenstreben.»

Seele vorfinden. In diesen Szenen waltet eine klare Gegenüberstellung von Gut (die Templer) und Böse (die Kirche, repräsentiert durch den Mönch). Die Personen dieser beiden Seiten spielen bestimmte Rollen und sind als Namenlose «typisch». Die Bauern, die sich mehr der Kirche unterordnen als den Herren der Templer-Burg (die ihnen Arbeit und Entwicklungsmöglichkeiten geben), bilden eine Zwölfheit und werden nur gezählt (3. Bauer, 5. Bäuerin usw.). Die fünf Tempelritter auf der anderen Seite werden nur nach ihrer Funktion unterschieden (1. Präzeptor, 2. Zeremonienmeister usw.). Allein die Menschen «dazwischen» tragen einen Namen. Am individuellsten und selbständigsten erscheint der Jude Simon, der ein Fremdling, aber mit seinem Wissen doch Wohltäter der Menschen ist und schließlich bedroht und verfolgt wird. Die Träger einer persönlichen Entwicklung, wie sie im ersten Drama und in den ersten Bildern des zweiten Dramas schon aufgetreten sind, tragen im 14. Jahrhundert einen «Namen». Theodosius, Romanus und German hingegen, die noch stark aus dem Urbild leben, werden im Templerorden nach Funktionen unterschieden.

Es gibt zwei Ausnahmen in diesem Gesamtbild: Capesius und Maria. Capesius ist als einer der Tempelherren namenlos der «1. Präzeptor». Maria ist ebenfalls namenlos der «Mönch». Das deutet auf die Besonderheit dieser Inkarnation im Karma der beiden Gestalten. Für beide ist es eine «finstere» Inkarnation, aus der sie mit Schuld hervorgehen – oder im Blick auf die Zukunft: aus der ihnen Verpflichtungen erwachsen. Der Mönch bindet den Bergwerksmeister Thomas an sich und entfremdet ihn sogar seinem Vater, dem 1. Präzeptor der Templer. Der 1. Präzeptor wiederum hat seine Familie verlassen um seiner eigenen geistigen Entwicklung willen. Er muss bekennen: «Wie grausam sich mein Schicksal doch erfüllt! Im Elend ließ ich Weib und Kind, weil ich als Fesseln sie empfand. Die Wege, welche mir die Eitelkeit gezeigt, sie führten mich in diesen Geistesbund.» Thomas ist sein Kind – er trägt ihm gegenüber eine Schuld.

Es fehlt Benedictus. Er wird als die «Zierde des Ordens» bezeichnet und ist schon 50 Jahre vorher gestorben. Zweifellos war Thomas von Aquin, der 1274 starb, eine Zierde des Dominikanerordens. Man kann den Eindruck haben, dass ein Zusammenhang besteht zwischen dem «Finstern» in diesen Bildern und der Abwesenheit des Benedictus, der auf diese Weise nicht in das äußere Handlungsgeschehen einbezogen ist. Auf welche Seite hätte er sich auch stellen sollen? Zu dieser Zeit musste man sich immer «auf eine Seite» stellen. Und wenn er aus dem Totenreich heraus ein einziges Mal zu dem Mönch spricht (im siebenten Bild), erscheint er auf der einen Seite als die «Zierde des Ordens» und sucht doch auf der anderen Seite zugleich Verständnis für die Templer zu erwecken.

Wenn man vergleicht, wie die Personen in der Gegenwart und im 14. Jahrhundert erscheinen, kann man gewisse Ungewöhnlichkeiten bemerken. Simon erscheint als die unabhängigste und am meisten entwickelte Persönlichkeit unter den damaligen Menschen. Er hat – ein Fremdling und isoliert – dennoch ein gesundes Selbstbewusstsein. Als wissenschaftlicher Geist entwickelt er neue Heilverfahren und «darf bekennen, dass ich manche Frucht auf meinem Wege freudig pflücken konnte». Der Bergwerksmeister Thomas hingegen ist zwar in seinem Fach tüchtig, in der menschlichen Reife aber weit hinter dem Juden Simon. Er zeigt eine schwer zu verstehende Urteils-Abhängigkeit von dem Mönch und ist in Angelegenheiten, die die Tempelritter betreffen (die seine Arbeitgeber sind), rationalen Gedanken nicht zugänglich. In der nächsten Inkarnation jedoch als Strader und Johannes Thomasius scheint es wie umgekehrt. Der Letztere ist dem anderen auf dem geistigen Weg weit voraus. Ungewöhnlich ist auch, dass karmische Gesetze nicht wirksam zu sein scheinen, etwa der Wechsel zwischen einer männlichen und weiblichen Inkarnation. Außer Maria haben alle die identische männlich/weibliche Inkarnation.

Als neue Gestalt tritt der Großmeister des Templerordens auf – namenlos, wie alle Templer. Bei der Uraufführung 1911 wusste noch niemand, dass er in der Gegenwart den Namen *Hilarius Gottgetreu* tragen würde. Das wurde erst 1912 bei der Uraufführung von *Der Hüter der Schwelle* offenbar. Wenn man bedenkt, wie sorgfältig im ersten Bild der *Pforte der Einweihung* alle zwölf Personen[82], die im weiteren Verlauf die irdischen Träger der Handlung sind, eingeführt und bekannt gemacht werden, erstaunt es, dass man vom Großmeister nichts weiß. Er hat noch kein Profil, außer dass er ein Wissen hat, das aus dem Totenreich kommt: «So spricht zu meinem Geiste oft der große Führer aus dem Totenreich, wenn ich in meinen stillen Stunden in meine Seelengründe tauche und Kräfte mir erwachen, zu weilen in dem Geisterlande. Ich fühle dann des Meisters Gegenwart und höre seine Worte, wie ich im Sinnesleben sie oftmals hören durfte» (II,7). Im weiteren Verlauf der Dramen wird sich seine Gestalt immer mehr verdeutlichen. Im zeitlichen Verlauf tritt er dann auch

---

82 Es sind dies: Johannes, Maria, Benedictus, Theodosius, Romanus, German, Capesius, Strader, Felix Balde, Frau Balde, die andere Maria, Theodora.

schon in der Vergangenheit (Ägypten) auf. Er steht in einer eigentümlichen Polarität zu Benedictus und nimmt immer wieder wie stellvertretend dessen Platz ein – so auch jetzt bei den Tempelrittern.

Auch die zwölf Bauern treten ganz neu in Erscheinung. Sie sind noch namenlos und haben in den Mysteriendramen – anders als der Großmeister – keine Vergangenheit. Sie sind noch nicht individuell, sondern so typisch wie die Tierkreisbilder.[83] Erst in der nächsten, der Gegenwarts-Inkarnation (im *Hüter der Schwelle*) tragen sie einen Namen als Bürger. Sie beginnen sich zu individualisieren.

Die Templer und das Böse
Siebentes Bild

Die Templer haben zu ihrer Zeit schon das Wesen der fünften Kulturepoche in der Entwicklung der Bewusstseinsseele vorausgenommen. Das Wesentliche war die Vereinigung von äußerer und innerer Tätigkeit, von Rittertum und Mönchtum. Aber weit in die Zukunft vorausgreifend war auch das Verständnis des Bösen. Wo überall noch der polare Gegensatz von Gut und Böse das Bewusstsein beherrschte, dachten die Templer schon differenziert über das, was als «böse» zu gelten habe. Wir haben schon gesehen, wie vielschichtig die «Schuld» der Maria dem Johannes gegenüber zu sehen ist, die aus der von ihr herbeigeführten Trennung hervorgeht. Als unter den Tempelrittern die Frage bewegt wurde, warum sie

83 Rudolf Steiner sprach bei den Proben auch von seinen «Tierkreisbauern».

unschuldig leiden müssen, spricht der Großmeister von moralischen Mängeln bei einigen Brüdern: «In unsrer Brüder Reihen ist mancher wohl, der fähig sich erweist, mit seinen Geisteskräften unserm Bund zu dienen, und der doch Flecken hat in seinem Dasein.» Das löst die unmittelbare Frage aus (1. Zeremonienmeister), ob solche Menschen überhaupt im Orden sein dürfen – und führt zu einer weit reichenden Antwort des Großmeisters.

1. Zeremonienmeister:
So darf der Bund auch Menschen
In seiner Mitte dulden,
Die nicht mit reinster Seele nur
Sich weihen können seinen hohen Zielen?

Grossmeister:
Es wägt allein das Gute in den Seelen,
Wer hohem Werke sich gewidmet,
Und lässt das Schlimme seine Sühne finden
Im Lauf der Weltgerechtigkeit.

Für den Templer gibt es nicht einfach den «guten» oder «bösen» Menschen. Jeder Mensch kann etwas beitragen zum Ganzen – das ist für ihn und für den Geistesbund *gut*. Das *Andere* müssen wir nicht beurteilen – so wenig wir als Ankläger auftreten müssen, wenn ein Mensch eine Straftat begeht. Dafür ist eine andere Instanz zuständig – in unserer Gesellschaftsordnung der Staat, der durch den Staatsanwalt vertreten wird. Der Großmeister spricht entsprechend vom «Lauf der Weltgerechtigkeit». Man kann das auch als eine Beschreibung von «Karma» verstehen. Dann kann man die

Intention haben, einem Menschen zu dem Platz in der Gemeinschaft zu verhelfen, wo er einen positiven Beitrag zu geben in der Lage ist. Anderes darf man seinem persönlichen Karma überlassen. Diese Sicht auf das Böse entspricht unserem heutigen Bewusstsein.

Verarbeitung der Rückschau
Zehntes, elftes und zwölftes Bild

Die Szene im zehnten Bild ist die gleiche wie im fünften Bild: «Landschaft, in welcher sich das einsame Haus Baldes befindet». Capesius «erwacht aus der Vision, welche ihm seine vorige Inkarnation vor die Seele gestellt hat». Und er ist gänzlich verändert. Er findet sich in die Sinneswelt nicht mehr herein. Als ob ein Mensch aus buddhistischer Weisheit vom «Durst nach Dasein» sprechen würde, klingt es, wenn Capesius im Blick auf die vor ihm liegende Sinneswelt sagt: «Dies alles ist nichts als Bild, aus Seelenstoff gewoben. Ich weiß, wie diese Bilder sich aus Sehnsucht und aus dem Seelendurst gestaltet haben. Ich tauchte, wie erwachend, aus der Sehnsucht und aus dem weiten Geistesmeere auf. Erschauernd schreckhaft steigt Erinnerung an diese Sehnsucht mir aus Seelengründen. Wie brannte doch ihr Durst nach Daseinswelten.» Der Prozess des Rückzugs von der Welt, über den schon gesprochen wurde, beginnt hier und wird zuletzt dazu führen, dass er sogar der Pflege durch die Baldes bedarf.

Das elfte Bild bringt die Verarbeitung der Rückschau von Maria. Das geschieht in ihrem Meditationszimmer. Ahriman prüft sie. Wenn er einen entsprechenden Menschen inspirieren kann, wird dieser womöglich logisch-unwiderleglich den

Reinkarnationsgedanken als Unsinn oder «Mystenschwärmerei» abtun. Bei Maria geht das nicht. Da muss sich Ahriman darauf einlassen, mit ihr über die Gesetze der Reinkarnation zu diskutieren: «Du sahst die Menschen deiner eignen Tage verschieden kaum von jenen alter Zeit. Du sahest Mann als Mann und Frau als Frau, und auch die Eigenschaften waren ähnlich. Es kann dir so kein Zweifel mehr bestehn, dass du nicht Wahrheit, sondern nur den Wahn der eignen Seele mit dem Geistesauge in graue Vorzeit dir zurückverlegtest.» Ahriman hat – wie immer – Recht auf seine Weise. Die Gesetze von Karma und Reinkarnation scheinen durchbrochen. Aber Ahriman versteht *Wandlung* nicht und deshalb auch nicht Übergänge und Zeitenwenden, in denen andere Gesetze gelten. Maria kann vor ihm die «Siegeswahrheit» sprechen: «Es gibt im Erdenwerden solche Zeiten, in welchen alte Kräfte langsam sterben und sterbend schon die neuen wachsen sehn. In solcher Zeitenwende fanden ich und meine Freunde uns im Geist vereint, als sie die frühern Erdenleben suchten … Es fehlet dir für solche Zeitenwenden der sichre Blick. Deshalb vermagst du nicht ihr Werden irrtumlos zu überschauen» (II,11).

Johannes verarbeitet im zwölften Bild die Rückschau in der Auseinandersetzung mit Luzifer. Darüber wurde schon gesprochen. Er «ergibt» sich ihm und blickt von nun an in eine andere Richtung: «Das Geisteswissen, das ich früh erlangt, es ruhe mir fortan im Seelengrunde, bis meine Lebenstriebe selbst es wecken. Vertrauensvoll ergeb' ich mich dem Willen, der weiser als die Menschenseele ist.»

Strader hat keine Rückschau gehabt.

Der Sonnentempel
Dreizehntes Bild

Luzifer erscheint in der «Mysterienstätte der Hierophanten» als Sieger: Johannes hat sich ihm ergeben – er fehlt im Tempel. Auch Capesius fehlt. Nur Maria hat die Rückschau so verarbeiten können, dass ihre Erdentüchtigkeit daran gereift ist und sie Ahriman widerstehen kann. Sie erscheint im Tempel. Auch Strader erscheint im Tempel, aber als «Geistesschläfer». Er steht noch vor allen Schritten auf dem Wahrheitsweg. So ist am Schluss von *Die Prüfung der Seele* eine gänzlich andere Situation entstanden als am Schluss der *Pforte der Einweihung.* Nach dem ersten Drama der Hoffnungs-Ausblick auf die Zukunft. Jede der die Handlung tragenden Gestalten hatte eine Zukunftsperspektive. Nun ist Maria die Einzige, die wachend im Tempel sein kann. Capesius und Johannes aber sind auf eigenen Sonderwegen. Nur Strader ist noch dabei – aber schlafend. Alles ist bei ihm noch offen. Maria hat nun Pflichten, die sie selbst nennt: «Wenn meine Seele Treue halten kann dem Licht, das ihr die Geistesmächte spenden, wird sie sich Kräfte schaffen durch die Dienste, die sie Capesius vermag zu leisten auf seiner schweren Lebenspilgerfahrt. Sie wird mit Kräften, die sie so erwirbt, gewiss Johannes' Stern auch dann erschauen, wenn er, von Wunschesfesseln abgelenkt, den Weg nicht wandelt, den das Licht bestrahlt.»

Die Zukunft erscheint jetzt offen und – ungewiss.

Rosenkreuzerische Prinzipien treten in die öffentliche Mitteilung ein
Erstes Bild

Die ersten beiden Dramen bilden schon dadurch eine Einheit, dass das zweite Drama als ein Nachspiel des ersten gekennzeichnet ist und auch der überschaubare zeitliche Abstand von «mehreren Jahren» einen Zusammenhang im Handlungsgeschehen zulässt. Aber auch inhaltlich bilden sie einen Zusammenhang als der ungeschriebene «Faust dritter Teil»[84], der sich mit der Aufarbeitung von Fausts Schuld befassen würde. In diesen ersten beiden Dramen kommt dem Schuld-Motiv auch tatsächlich ein großes Gewicht zu, bei Johannes («... Bewusstsein schwerster Schuld ...» [I,1]), Maria («... was als Schuld ihr geblieben, was als Pflicht ihr gegeben ...» [II,2]) und Capesius («... mit jener Schuld beladen, die aus der Liebe Gegenteil entsprungen ...» [II,8]). Im Hintergrund der Handlung steht der Anbruch einer neuen Zeit, der sich dadurch ankündigt, dass Felix und Felicia Balde sowie die andere Maria zum Tempel kommen. Es vereinigen sich zwei bis dahin getrennte Ströme: Der Strom der Naturgeistigkeit, die ganz elementar im Menschen wachgerufen werden kann, und der Strom jener Geistigkeit, die nur aus bewusst gepflegter Erkenntnis erwächst. Man könnte auch sagen, der Strom der Wärme und der Strom des Lichtes oder der Strom

84 Siehe Kapitel *Die Faust-Dichtung Goethes*, Seite 14 ff.

der Hirten und der Strom der Könige vereinigen sich. In der ersten Tempelszene in der *Pforte der Einweihung* (fünftes Bild) wird darüber gesprochen. Die vierte Gestalt im Tempel, Retardus, stellt in Frage, dass die neue Zeit wirklich schon beginnen soll: «Solange nicht betreten haben den Raum, in welchem wir beraten, die Wesen, die noch ungeweiht den Geist entbinden können aus Sinnes-Wirklichkeiten, so lange bleibt mir's unbenommen, zu hemmen euren Eifer. Erst müssen sie uns Botschaft bringen, dass neue Offenbarung der Erde nötig scheint.» Das eben geschieht dann dadurch, dass die Genannten im Tempel erscheinen. Dieser Moment hat seine Entsprechung in Goethes Märchen, das ja auf seine Weise den (ersten beiden) Mysteriendramen zugrunde liegt, wenn es dort dreimal heißt: «Es ist an der Zeit!» Das lichte Zeitalter des mündigen, selbstverantwortlichen Menschen beginnt, nachdem das finstere Zeitalter abgelaufen ist. Dieses neue Zeitalter ist eine Wirklichkeit und hat seine Morgenröte in der Goethe-Zeit als Zeitalter der «Aufklärung».[85] Kant schreibt darüber 1784: «Aufklärung ist der Ausgang des Menschen aus seiner selbstverschuldeten Unmündigkeit.» Der eigentliche Sonnenaufgang aber dieses lichten Zeitalters geschieht, den Darstellungen Rudolf Steiners zufolge, mit Ablauf des 19. Jahrhunderts. Mit dieser Zeitenwende verbunden, die Goethe noch umschließt, kann man die ersten beiden Mysteriendramen sehen.

---

85 Als *Zeitalter der Aufklärung* (englisch: *Age of Enlightenment*) wird die geistesgeschichtliche Epoche bezeichnet, die Ende des 17. Jahrhunderts in England ihren Ausgang nahm und im 18. Jahrhundert das geistige Leben in ganz Europa und Nordamerika bestimmte.

Mit dem dritten Drama *Der Hüter der Schwelle* wird die Thematik des «lichten Zeitalters» in eine neue Richtung konkretisiert, für die Goethe noch keine Vorarbeit leisten konnte. Es geht jetzt unmittelbar um die Esoterik des lichten Zeitalters und die Wirksamkeit der Rosenkreuzer. Zwar wird auch schon das erste Drama ein «Rosenkreuzermysterium» genannt, aber das gilt zunächst ganz allgemein für die Handlung. Nun erhebt sich die weitere Frage nach dem Öffentlichwerden der Esoterik. Rudolf Steiner hat 1907 für Edouard Schuré biografische Notizen gemacht, in denen sich darüber Folgendes findet: «In dieser Form sollte das Rosenkreuzertum die streng geheim gehaltene Schule sein zur Vorbereitung dessen, was der Esoterik öffentlich als Aufgabe zufallen müsse um die Wende des 19. und 20. Jahrhunderts, wenn die äußere Naturwissenschaft zur vorläufigen Lösung gewisser Probleme gekommen sein werde. Als diese Probleme bezeichnete Christian Rosenkreutz: Die Entdeckung der Spektralanalyse, wodurch die materielle Konstitution des Kosmos an den Tag kam.[86] Die Einführung der materiellen Evolution in die Wissenschaft vom Organischen.[87] Die Erkenntnis der Tatsache eines anderen als des gewöhnlichen Bewusstseinszustandes durch die Anerkennung des Hypnotismus[88] und der Suggestion. Erst wenn *diese* materiellen Erkenntnisse innerhalb der Wissenschaft ausgereift wären, sollten gewisse rosenkreuzerische Prinzipien aus dem Geheimwissenschaftlichen in die öffentliche Mitteilung eintre-

---

86 Kirchhoff und Bunsen 1859.

87 Darwin, *Die Entstehung der Arten*, 1859.

88 James Braid (1795-1860), britischer Chirurg, prägte den Begriff *Hypnose*.

ten.»[89] Die Voraussetzungen dafür, dass «gewisse rosenkreuzerische Prinzipien aus dem Geheimwissenschaftlichen in die öffentliche Mitteilung eintreten» sollten, waren etwa ab 1860 gegeben, also deutlich *nach* der Goethe-Zeit. Das kann als geistesgeschichtlicher Hintergrund für das dritte und vierte Mysteriendrama gesehen werden.

Im Vorsaal der Rosenkreuzer
Erstes Bild

Der entscheidende Moment ist gekommen: «Gewisse rosenkreuzerische Prinzipien» sollen «aus dem Geheimwissenschaftlichen in die öffentliche Mitteilung eintreten». Ein langer Entwicklungsprozess hat zu diesem Moment geführt. Das legt der Großmeister des Rosenkreuzer-Bundes in einer eindrucksvollen Rede dar, die damit endet:

> «Zu diesen Schätzen euch, geliebte Freunde, den Zugang zu eröffnen, ist an uns in dieser Zeit; die Zeichen sind fürwahr verheißungsvoll, die sich im Weltenplane dem Geistesauge deutlich offenbaren.»

Bei der Eröffnung des noch unfertigen ersten Goetheanum am 26. September 1920 wird diese Rede wieder gehalten – das Goetheanum soll als ein Mysterien-Tempel verstanden werden, der nun seine Pforten weit öffnet für Menschen, die seine Geistesschätze suchen. Rudolf Steiner hat aber die Rede in die Ich-Form umgearbeitet – als «eigene» Kundgebung,

---

89 GA 262, September 1907, S. 23.

jedoch durch Marie Steiner rezitiert. Die zahlreichen vorgenommenen Änderungen sind sehr charakteristisch und können einen Bogen spannen vom Tempel im ersten zum Tempel im zehnten Bild. Es ist äußerlich der gleiche Tempel, aber im zehnten Bild unter der neuen Führung des Benedictus und seiner Schüler. «Im ‹Hüter der Schwelle› bringt sich in [Benedictus] die Geistesströmung zum Ausdruck, welche lebendig-gegenwärtiges Geistesleben an die Stelle des bloß traditionellen setzen will, wie es von dem dort vorkommenden ‹Mystenbund› behütet wird.»[90] In der von Rudolf Steiner umgearbeiteten Rede kommt dieses «lebendig-gegenwärtige Geistesleben» deutlich zum Ausdruck gegenüber dem «bloß traditionellen» des Hilarius Gottgetreu. Die Metamorphose des oben zitierten Satzes im Sinne «lebendig-gegenwärtigen Geisteslebens» lässt als Beispiel etwas davon ahnen:[91]

> «Zu diesem Lichte würdig hinzustreben, das weiset uns der Zeitenwende Ernst und ihre Not; die Zeichen sind fürwahr bedeutungsschwer, die sich im Weltenplane jetzt Geistesaugen deutlich offenbaren.»

Die Bürger, die von den Rosenkreuzern gerufen worden sind zu diesem Akt der öffentlichen Mitteilung «aus dem Geheimwissenschaftlichen», sind die wiederverkörperten zwölf Bauern und Bäuerinnen des Mittelalters. Jetzt sind sie aber nicht mehr «gezählt», sondern tragen Namen, durch die sie

---

90 Charakterisierung des Benedictus im Personenverzeichnis von *Der Seelen Erwachen.*

91 Die ganze Rede in beiden Fassungen findet sich im Anhang.

– farbig und originell – charakterisiert werden. Merkwürdigerweise erfahren die Zuhörer, die den Text nicht kennen, von diesen sehr wichtigen Namen nichts – sie werden auf der Bühne nicht genannt:

Ferdinand Reinecke – Michael Edelmann –
Bernhard Redlich – Franziska Demut – Maria Treufels –
Luise Fürchtegott – Friedrich Geist – Caspar Stürmer –
Georg Wahrmund – Marie Kühne – Hermine Hauser –
Katharina Ratsam

Die Menschen reagieren auf den Ruf entsprechend ihrer vom Typischen noch nicht wirklich freien Persönlichkeit sehr verschieden, zustimmend und ablehnend. Allmählich kristallisiert sich aber heraus, dass es für diese Menschen – über alle Verschiedenheit hinweg – eine von allen geteilte Achtung und Anerkennung Straders und seiner Arbeit gibt. Als Erste erwähnt Maria Treufels ihn: Sie erkennt «in Doktor Straders Wesen die Kräfte, die zur Seelenführerschaft sich besser wahrlich als die Mysten eignen». Und schließlich weist sie darauf hin: «In Straders Arbeitsstätte finden sich im Kleinen schon die Wunderwerke wirksam, die bald im Großen alle Technik umgestalten und sie von jener Schwere lösen werden, die heute noch auf viele Seelen drückt.» Ähnlich zustimmend, in verschiedenen Charakter-Nuancen, sind die anderen Bürger. Strader beherrscht tatsächlich bis zu einem gewissen Grad die erste Szene dieses Dramas – zurückhaltend und bescheiden. Das liegt in der Linie, über die wir schon gesprochen haben.[92]

92 Siehe Kapitel *Johannes – Capesius – Strader,* Seite 76 ff.

Johannes Thomasius ist der Protagonist des ersten Dramas *Die Pforte der Einweihung* und gibt dort dem ersten Bild seinen Charakter. Nach den Ereignissen in *Die Prüfung der Seele* erscheint er im dritten Drama wieder neu handelnd und mitgestaltend. Auch er wird von einigen Bürgern anerkennend genannt. Selbst in der Kritik des Ferdinand Reinecke findet sich eine versteckte Anerkennung: «Thomasius, der schon vor vielen Jahren in einer Geistesströmung sich befand, die Mystenzielen sich ergeben hatte, er hat verstanden, solche Wissensformen, zu welchen unsre Zeit Vertrauen hat, als Mantel umzuhängen jener Weisheit, die Eingeweihten sich erschließen soll. Durch diesen Vorgang ist es ihm gelungen, in weiten Kreisen Beifall zu erzwingen.» Und Marie Kühne meint: «Thomasius gebührt die Anerkennung, die er so reichlich schon gefunden hat, weil er dem Denken jene Freiheit gab, die Mystenschulen ihm verwehren wollen.» Doch ist Thomasius bei dieser Szene noch nicht anwesend. Sein Werk aber soll in den «Schutz» des Tempels gestellt werden, wie es Friedrich Trautmann, der 2. Zeremonienmeister bei den Rosenkreuzern, anschließend darlegt – in ganz anderen Worten als Ferdinand Reinecke: «Thomasius vermochte der Wissenschaft, die unsre Zeit verlangt, ein Werk zu liefern, das in ihrer Sprache Beweise für die Geisteswerte bringt, die man bisher auf Mystenpfaden nur und in den Weihetempeln finden konnte. Dies Werk, es soll das feste Band nun werden, das euch mit uns im Geistesleben bindet. Ihr werdet durch dies Werk erfahren können, wie gut begründet unsre Lehren sind. Und dies wird euch die Kraft verleihn, von uns auch jenes Wissen willig hinzunehmen, das sich auf Mystenpfaden nur erschließt.»

Die besondere Stellung Straders in dieser Szene hat auch

karmische Gründe: es sind ja die gleichen Individualitäten, die als Bauern und Bäuerinnen im 14. Jahrhundert den Juden Simon sehr schlecht behandelt haben. Als *3. Bäuerin* hat Maria Treufels aggressiv gegen den Juden gesprochen: «Mir aber hat ein Mönch verraten, dass teuflisch ist, womit der Jude heilt. Man muss vor seinem Gift sich hüten; es soll im Leibe sich verwandeln und allen Sünden Einlass geben» (II,6). Und später: «Verbittert waren eben viele Menschen, als sie gehört, woher die Krankheit kommt, die unter unsern Kühen ausgebrochen. Der Jude hat sie ihnen angezaubert. Er heilt die Menschen nur zum Schein, damit er mit den Höllenkräften den Zwecken böser Mächte dienen kann» (II,9). Er war ihr Opfer, nun «schulden» sie ihm etwas – und daraus resultiert die besondere Zuwendung, die sie ihm entgegenbringen «wollen». Maria Treufels wird wenig später (im 4. Drama) sogar seine Pflegerin und sagt im Rückblick: «Ich habe in der kurzen Zeit, in der ich ihm die letzten Erdendienste erweisen durfte, seine hohe Seele bewundern können. Diese liebe Seele, die außer sieben Jahren seltnen Glücks stets einsam durch das Erdenleben ging. Die Mysten boten ihm die Weisheit. *Er* bedurfte der Liebe» (IV,15). Angesichts solcher Worte wird man nicht nur negativ über die 3. Bäuerin sprechen. Man kann – auch hier wieder – das Verhältnis von Ursache und Wirkung im Karma beweglich sehen und sagen, das Verhalten der Maria Treufels gegenüber Strader sei die positiv-ausgleichende Wirkung einer negativen Ursache, die mit der 3. Bäuerin gegeben war. Man kann aber auch umgekehrt «paradox» denken, dass die besondere Nähe zu Strader, die gefunden werden sollte, die eigentliche Ursache war, die von der Zukunft aus wirkte! So wurde die 3. Bäuerin an Strader schuldig, und es wurde schon berührt: Schuld kann zum «Rohstoff» für ein menschlich-soziales «Kunstwerk» werden.

Der Irrtum
Zweites Bild

Im Inneren des Tempels, nicht mehr im Vorsaal, soll nun dem Werk des Johannes «das Siegel der uralt heil'gen Wissenschaft geschenkt und auch des Rosenkreuzes Segenskraft an diesem Weiheort verliehen werden». So soll es «fruchtbar werden in allen Welten, die des Menschen Kraft dem Weltenwerden dienstbar machen können». Hilarius Gottgetreu, der Großmeister, spricht diese Worte aus. Auch die Anderen sprechen von den Erwartungen, die sie mit diesem Werk verbinden. Und Strader sieht: «Den Seelen, die nach Geist-Erkenntnis suchen, obgleich das Leben sie am Stoffe hält, du konntest auch für sie die Wege finden, die sie zum Licht auf ihre Weise führen.» Aber Johannes weist das alles zurück und wirft dem Tempel vor, in der Beurteilung seines Werkes einem schweren Irrtum verfallen zu sein. Denn die Verantwortlichen im Tempel haben nur das Werk an sich beurteilt, aber nicht das Werk in Zusammenhang mit seinem Schöpfer. «Dies Urteil würde nur entscheidend sein, wenn sich die Schöpfung von dem Schöpfer lösen und, losgelöst von ihm, ein eignes Dasein im Lauf des Geisteslebens führen könnte. Doch bleibt ja stets das Werk mit mir verbunden.» Und da kommt er zu der schonungslosen Selbstbeurteilung: Seine moralische Entwicklung ist hinter der geistigen Leistung, die er erbracht hat, weit zurückgeblieben. Sein Werk, das seinem Inhalt nach der Wahrheit dienen will, wird zuletzt durch seinen Schöpfer doch verderblich wirken. Und schließlich zieht er die Summe aus der irrtümlichen Beurteilung seines Werkes durch den Tempel: «Was Schlimmes wird erfolgen durch mein Werk für mich und auch für andre Menschenseelen, es wird durch Karma seinen Ausgleich finden. Dass ihr dem Irrtum so verfallen konntet, dies wiegt weit schwerer für das Erdenleben. Da ihr die Führer dieses Lebens seid und in den Geisteswelten lesen solltet, so hätte euch doch nicht entgehen dürfen, dass dieses Werk von einem andern Menschen und nicht von mir verrichtet werden musste … So habt mit eurem Urteil ihr dem Bunde das Recht genommen, das er haben muss, wenn er die Weihedienste leiten soll.»

Dass Thomasius so nüchtern, man könnte wohl auch sagen «eiskalt», über sich zu urteilen vermag, verdankt er einem inneren Erlebnis: «Ahriman in seiner vollen Größe stand vor mir. Und wissen konnte ich, dass er der Kenner der echten Weltgesetze wahrhaft ist.» Es entspricht den Weltgesetzen, dass, wer Luzifer folgt, in das Gebiet Ahrimans kommen wird (und umgekehrt): «Ich hatte, ehe ich mein Werk begann, mich Lucifer gewidmet, dessen Reich ich kennen und verstehen lernen wollte.» Das führte zu der Genialität seines Werkes. Aber ohne eine entsprechende moralische Entwicklung wird die Wirkung seines Werks eine Beute Ahrimans.

Aus seiner Einsicht in den Irrtum des Tempels spricht Thomasius den Führern dieses Tempels die weitere Legitimation ab. Die Führer haben die moralische Verfassung des Thomasius nicht entsprechend erkannt und dadurch sein Werk, das der Tempel in seine Obhut nehmen wollte, falsch beurteilt. Daraus hätte großer Schaden für die Menschheit entstehen können.

Des Thomasius Urteil über den Irrtum des Tempels erweist sich als Schicksalsknoten. In solchen Momenten beginnen die Begriffe ihre Eindeutigkeit zu verlieren und fangen an, sich zu «bewegen», wie das schon wiederholt besprochen wurde. Die Argumentation des Thomasius ist zweifellos richtig – im Sinne einer bestimmten Logik. Aber das «Richtige» ist nicht immer in vollem Umfang *wahr*. Thomasius spricht letztlich von dem, was der Großmeister der Templer im 14. Jahrhundert «Flecken im Dasein» genannt hat.[93] Gegenüber diesen «Flecken» muss im Menschen eine Trennung vollzogen werden: «Es wägt allein das Gute in den Seelen, wer hohem Werke sich gewidmet, und lässt das Schlimme seine Sühne finden im Lauf der Weltgerechtigkeit.» Das «Gute» darf zur Wirksamkeit kommen, auch wenn das «Schlimme» noch nicht völlig überwunden ist. Der Tempel hätte tatsächlich dem Werk des Thomasius diesen Schutz gegeben, den es gebraucht hätte, damit dessen moralische Defizite nicht mit dem Werk verbunden wirksam geworden wären. Aber Thomasius kann diesen Gedanken nicht denken. Er blickt auf «dieses Werk, das gut und schädlich ist», so, dass er das «Schlimme» nicht vom «Guten» trennen kann. Er ist von Ahriman belehrt worden – und Ahriman kennt nur das eindeutige «entweder – oder», aber kein «sowohl – als auch». Auch im Mittelalter befand sich der Bergwerksmeister Thomas unter dem Einfluss der Kirche in einem scharfen Gegensatz zur Templer-Burg und Templer-Weisheit.

Thomasius irrt also[94] – und dennoch hat er Recht,

---

93 Siehe Kapitel *Die Templer und das Böse*, Seite 95 ff.

94 Das wird der Hüter dem Thomasius an der Schwelle deutlich machen (7. Bild): «Du musst dich trennen erst von vielen Kräften, die du im Erdenleibe dir erworben. Behalten kannst

den Führern des Tempels die weitere Legitimation ihres Wirkens abzusprechen! Da ist wieder die Paradoxie im Wirken des Schicksals. Der Tempel befand sich tatsächlich an einem Punkt, wo die Ablösung fällig war, die dann am Ende des Dramas (10. Bild) auch erfolgt. Benedictus enthüllt dieses Geheimnis: «Das Weltenschicksal ruft die Menschensöhne für Zeiten nur in seine Weihetempel und fordert sie für andres Wirken dann, wenn ihre Kräfte sich erschöpft im Dienste. Der Tempel selbst, er stand vor seiner Prüfung, und Eines Menschen Irrtum musste ihn, den Lichteshüter, vor der Finsternis in schicksalsschwerer Weltenstunde schützen.» Die Paradoxie der Situation kann man auch so aussprechen: Indem Thomasius irrte, konnte er das richtige Urteil fällen, die Kräfte der Führer im Tempel hätten sich erschöpft.

Nachklang des 14. Jahrhunderts
Erstes und zweites Bild

Es ist nicht zu übersehen, dass im *Hüter der Schwelle*, besonders in den beiden ersten Szenen, sich die Situation der mittelalterlichen Inkarnation nahezu wie unverwandelt in der Gegenwart fortzusetzen scheint.[95]

---

du doch von ihnen nur, was sich in geistig reinem Streben dir erschlossen und auch rein verblieben ist. Doch dieses hast du selbst von dir geworfen und Ahriman als Eigentum gegeben.»

95 Bei *Thomasius* geht die Ähnlichkeit der Lebenswiederholung bis in den Namen, der für den Bergwerksmeister im 14. Jahrhundert *Thomas* lautete.

1. Den Bauern auf der Waldwiese unterhalb der Burg entsprechen die Bürger, die sich im Vorsaal zu den Räumen des Mystenbundes (der Rosenkreuzer) zusammenfinden.
2. Der unverständlichen Hetze gegen den Juden Simon entspricht nun die genauso unverständliche[96] Zuwendung zu Strader, dem wiederverkörperten Simon.
3. Der Abneigung des Thomas gegenüber den Tempelherren auf der Burg entspricht die Ablehnung der Rosenkreuzer durch Thomasius. Thomas urteilt über die «andere Geistesart» der Templer: «Ich fand, dass sie in Irrtum führen muss.» Er will aus ihrem Dienst ausscheiden. Thomasius verweigert sich tatsächlich den Rosenkreuzern: «Dass ihr dem Irrtum so verfallen konntet, das wiegt weit schwerer für das Erdenleben.»
4. Das unmittelbar bevorstehende Ende der Templer hat seine Entsprechung in der Ablösung der Rosenkreuzer am Schluss des *Hüters der Schwelle.*
5. Der Liebe des Thomas zu Cäcilia, die sich als unerlaubte Geschwisterliebe offenbarte, entspricht die karmisch «unerlaubte» Liebe des Thomasius zu Theodora (Capesius: «Thomasius und Theodora sollen nach strenger Schicksalsmächte Fügung nie im Leben sich in Leidenschaft begegnen» [III,5]).
6. Cäcilia als Pflegetochter des Joseph Kühne setzt diese Beziehung in der Gegenwart fort. Theodora vertraut sich «Felix Baldes edler Führung» an, die ihre Kraft, «aus Geisteswelten Wissen zu empfangen», zur vollen Höhe wachsen lässt (III,4).

---

96 Wie können die Bürger zu einem so positiven Urteil über eine höchst komplizierte physikalische Erfindung kommen?

7. Die Suche des 1. Präzeptors der Templer nach seiner von ihm verlassenen Tochter setzt sich in der Gegenwart fort. Theodora spricht davon: «Ich traf in dieser Zeit Capesius einmal in Felix' Waldeseinsamkeit … Er fand es wichtig, sich bekannt zu machen mit meiner Art, die Geisteswelt zu schauen. Ich war dann später oft mit ihm zusammen» (III,4).

Die Ähnlichkeit dieser «Lebenswiederholung … darf nicht als etwas allgemein Gültiges aufgefasst werden, sondern als etwas, das nur in einem Zeitenwendepunkt geschehen kann».[97] Darüber muss sich auch Maria mit Ahriman auseinandersetzen (II,11).

Über die Schwelle. Strader
Viertes und fünftes Bild

Im vierten und fünften Bild geschieht die eigentliche Wende in Straders karmischer Biografie. Er ist bisher erschienen als *Fremdling* in der Welt und unter den Menschen, dem die Erde als *Heimat* unbekannt war. Wer sich auf der Erde heimatlos fühlt, für den ist der Wiederverkörperungsgedanke, auch wenn er ihn ganz selbständig findet, nicht tröstlich, sondern schrecklich. Strader schildert das: «So war ich Fremdling schon im Elternhaus. Und fremd bin ich geblieben allem, was ich um mich erlebt' in spätrer Zeit … Wer so zum Weltenfremdling ist bestimmt, noch ehe sein Bewusstsein dämmert, der hat dies Schicksal schon gewollt, bevor er denkend wollen

97 *Die Prüfung der Seele*, Personenverzeichnis.

konnte» (II,4). Strader kommt wie von außen in den Umkreis von Benedictus. Er hat damit scheinbar gar nichts mit der da «gepflegten Denkungsart» (I,1) zu tun – im Gegenteil, er hält dem entgegen, «wie wenig unsrer Denkungsart im Ernst sich fügen will, was hier als neue Offenbarung gilt». Man fragt sich, warum macht er überhaupt mit? Warum ist der überhaupt gekommen zu diesem Vortrag? Er fand doch alles ganz merkwürdig. Man muss dann bis zum vierten Drama warten, um endlich zu sehen: Er gehört doch dazu! Im ägyptischen Tempel, in lang vergangenen Zeitepochen, war er dabei, ohne Entfremdung, und waltete seines Amtes als *Vertreter des Feuerelementes.* Wann war der Einbruch in seiner karmischen Biografie, der ihn zum Weltenfremdling machte? In Ägypten war er noch nicht Fremdling geworden, was er im Mittelalter schon war. Es muss also eine Inkarnation geben, die dazwischen liegt und den Einbruch gebracht hat. In den vier Mysteriendramen, die wir haben, ist davon keine Rede, und das fünfte Drama konnte Rudolf Steiner nicht mehr schaffen. Wir müssen uns also auf Vermutungen beschränken – aber es gibt Anhaltspunkte.

Was der Jude Simon dem Großmeister des Templerordens mitteilt, ist eine vertrauensvolle und tiefe Offenbarung seines Wesens: «Ich bin zum Träumer wahrlich nicht geboren; doch wenn ich einsam Feld und Wald durchwandle, da tritt vor meine Seele oft ein Bild, das ich so wenig mit dem Willen meistre wie jene Dinge, welche Augen schauen. Es stellt sich vor mich hin ein Menschenwesen, das seine Hand mir liebend reichen will. In seinen Zügen drückt ein Schmerz sich aus, den ich in keinem Antlitz noch gesehn. Die Größe und die Schönheit dieses Menschen ergreifen alle meine Seelenkräfte. Ich möchte niedersinken und in Demut ergeben mich dem Boten andrer Welten. Da flammt im nächsten Augenblicke schon ein wilder Zorn in meinem Herzen auf. Ich kann dem Trieb in mir nicht widerstehn, der meiner Seele Widerstand entfacht – und von mir stoßen muss ich jene Hand, die sich so liebend mir entgegenhält.» Er fühlt diese unglaubliche Zartheit der Beziehung und Nähe – und muss das «Menschenwesen», das ihm Nähe bringt, zurückstoßen. So wird man heimatlos – denn Heimat ist Nähe und Wärme. Hier offenbart sich die mittelalterliche Gestalt des Ahasver[98], des ewigen Juden, der durch die Welt geht, nirgendwo zu Hause und überall fremd ist.

Wir haben eine weibliche Ausgestaltung dieses Ahasver in der Gestalt der Kundry, die Richard Wagner in seinem «Bühnenweihfestspiel» *Parsifal* geschaffen hat. Im gegebenen Moment gibt sie Parsifal einen ähnlichen Einblick in ihr Wesen, wie Simon dem Großmeister:

Kenntest du den Fluch,
der mich durch Schlaf und Wachen,
durch Tod und Leben,
Pein und Lachen,
zu neuem Leiden neu gestählt,

---

98 *Der* Ewige Jude *ist eine Figur aus der christlichen Legendenbildung seit dem 13. Jahrhundert n. Chr. Die ursprüngliche Legende berichtet von einem Juden, der Jesus auf seinem Weg zur Kreuzigung eine kurze Rast an seiner Haustür verweigerte. Darauf habe Jesus ihn angesehen und zu ihm gesagt:* Ich will stehen und ruhen, du aber sollst gehen! *Mit diesem Fluch sei der Jude zur ewigen Wanderschaft durch die Zeit verdammt worden, ohne sterben zu können. Spätestens seit dem 17. Jahrhundert wurde der Name* Ahasveros *dem legendären* Wandernden Juden *beigegeben.*

endlos durch das Dasein quält! –
Ich sah ihn – ihn –
und … lachte …!
da traf mich sein Blick! –
Nun such' ich ihn von Welt zu Welt,
ihm wieder zu begegnen.
In höchster Not
wähn' ich sein Auge schon nah,
den Blick schon auf mir ruh'n.
Da kehrt mir das verfluchte Lachen wieder,
ein Sünder sinkt mir in die Arme! Da lach' ich – lache –
kann nicht weinen,
nur schreien, wüten,
toben, rasen
in stets erneuter Wahnsinns Nacht,
aus der ich büßend kaum erwacht.

Wenn man das liest, oder wenn man es gar hört, braucht man keine weitere Erklärung. Es ist Wagners Genialität, die *verweigerte Gastfreundschaft*, wie sie die klassische Ahasver-Sage schildert, als *Lachen* darzustellen! Lachen – es gibt verschiedene Arten von lachen – als Ausdruck der Distanzierung und Zurückweisung im «Auslachen». Es ist die Zurückweisung des *Repräsentanten* der Menschheit, die den Menschen Kundry zum Fremdling unter Menschen macht. Alles ist nur Konsequenz des Zurückweisens. Sie leidet, sie möchte nicht lachen, es ist ihr todernst zumute – und sie *muss* doch lachen und zurückweisen und verführen. Und damit wird alles, was entstehen wollte an Heimat und Nähe, zurückgewiesen. Nur Parsifal «widersteht» ihr – und er wird sie erlösen.

Was Parsifal für Kundry ist, wird Theodora für Strader

werden. Das «Widerstehen» ist hier ganz anders, es sind andere Realitäten, aber der innere Vorgang ist der Gleiche. Strader weist mit der Waffe seiner «Denkungsart» die «Offenbarungen» zurück, von denen er im Kreis der Menschen um Benedictus hört. Aber diese Waffe erweist sich in der Begegnung mit Theodora als stumpf! Kein Erlebnis ist ihm «so nah' gegangen, wie das mit dieser Seherin». Und damit verbindet sich auch – «ich weiß sonst nichts von Sehergaben durch mich selbst» – das innere Bild von einem Widersacherwesen, das zu ihm spricht: «Bezwingst du mich mit deinen stumpfen Denkerwaffen nicht, bist mehr du nicht als flüchtig Truggebild' des eignen Wahnes nur.» Ein Zweites kommt dazu: Theodora spricht von dem, was er auf dem tiefsten Grund seiner Seele ersehnt. Er möchte nicht zurückweisen, sondern: «Ich möchte niedersinken und in Demut ergeben mich dem Boten andrer Welten ...» Theodora wird ihn – wie Parsifal die Kundry – «erlösen». Im vierten Bild erleben wir dann beide im Rückblick auf sieben Jahre einer besonderen, von einem tiefen Schicksal getragenen Ehe. Er ist nun «angekommen» bei sich, ein 2000 Jahre altes Karma hat sich gelöst. Hätte Rudolf Steiner noch das fünfte Drama schreiben können, wäre der Schauplatz nach verschiedenen Überlieferungen im Wesentlichen Griechenland gewesen. Es gibt verschiedene Nuancen in den Berichten, von Alice Fels wird überliefert: «zur Zeit des entstehenden Christentums».[99] Da könnte Strader die Inkarnation gehabt haben mit der Ur-Zurückweisung.

Nun hat sich in der Schicksalsbegegnung mit Theodora für ihn das Fremdheits-Schicksal gelöst – das Arbeiten am

99 Hammacher 2010, S. 585.

Wesentlichen kann beginnen. Aber die Fremdheit scheint dennoch, wenn auch auf neue und andere Weise, weiterzugehen: Theodora, der für ihn so unendlich wichtige und geliebte Mensch, stirbt. Wir erleben im fünften Bild, mit welcher inneren Gefasstheit Strader draußen bei den Baldes ist, dort auch Capesius in seinem besonderen Zustand erlebt und schließlich durch die Seele der Theodora den Willen in sich anregen kann, Schüler des Benedictus zu werden. Das ist die wichtigste biografische Schwelle, die er jetzt überschreiten kann. Er ist nun auf seinem eigentlichen Weg und geht ihn mit einer inneren Kraft, die ihn auch dann noch tragen wird, wenn die anderen Gefährten – Capesius und Johannes – später zunächst zurückbleiben werden.[100] In dem durch Inkarnationen sich ziehenden Leid ist seine Seele herangereift. Das Leid war Folge der Vergangenheit und – Vorbereitung für die Zukunft!

Über die Schwelle. Capesius
Sechstes Bild

Nach der Rückschau in die mittelalterliche Inkarnation hat sich Capesius aus der Sinneswelt, in die er sich im «Durst nach Daseinswelten» (II,10) hineingezwungen fühlt, allmählich in einem Prozess von einigen Jahren wie herausgezogen. «Es lebt sein Geist in höhern Welten nur und lässt ganz unbeachtet jene Dinge, die durch die Sinne zu der Seele sprechen» (III,5) – so beschreibt ihn Felix Balde, in dessen Haus er schließlich lebt und gepflegt wird. Nun begegnen wir ihm

---

100 Im vierten Drama.

im sechsten Bild dort, wo «sein Geist in höhern Welten» lebt. Auch Benedictus ist «im Geist» an diesem Ort. Und Maria ist ihm als Schülerin dorthin gefolgt, «denn er will an diesem Ort mich schauen lassen, was unverständlich ist der Erdenseele, solang sie sinnbegabt im Leibe weset, auch wenn die Geistesschülerschaft errungen». Capesius «erkennt» Benedictus in dieser Welt an den mantrischen Worten aus dessen Lebensbuch, mit denen er selbst ja gelebt und durch die er «auf Erden» in eine so existenzielle Verzweiflung geraten war. Die Worte erklingen aber in dieser Welt, in der Capesius jetzt lebt, charakteristisch verändert. Und dann sagt Benedictus: «Capesius, du bist in meine Kreise in deinen Erdenzeiten eingetreten, obgleich du wissend nie mein Schüler warst.» Und weiter sagt er: «Ich muss begleiten jeden, der von mir im Erdensein das Geisteslicht empfangen, ob er sich wissend, ob nur unbewusst sich mir als Geistesschüler hat ergeben, und muss die Wege weiter ihn geleiten, die er durch mich im Geist betreten hat.» Auch für Capesius, der nicht «bewusst» sein Schüler ist, trägt Benedictus also Verantwortung. Er steht ihm bei in der Suche nach seinem wie verlorenen Inkarnations-Impuls, bis Capesius endlich sagen kann: «So darf ich künftig wieder mir gehören. Ich werde mich jetzt suchen, weil ich mich im Weltendenken schauend leben darf.» So geht die außergewöhnliche Zeit des Capesius, in der er äußerlich wie seelenkrank erschien, zu Ende und er kann sich Benedictus ganz neu anschließen und später zu ihm sagen: «Ich habe euch erkannt und will euch folgen. Als ich in meiner Seele Einkehr hielt, nachdem ich eure Worte wesenhaft in Geisteswelten habe hören können und ihr mich wieder zu mir selbst gebracht: da durfte ich im Geisteslichte schauen die Ziele, welchen meine spätern Leben im Lauf des

Erdendaseins dienen sollen. Und wissen kann ich jetzt, dass ihr erwählt, die rechten Wege mir zu offenbaren» (III,9).

Capesius hat mit Hilfe des Benedictus die Schwelle, die der Hüter hinter ihm verschlossen hatte[101], von der geistigen Welt wieder in die Welt der Sinne überschreiten können.

Über die Schwelle. Thomasius
Zweites, drittes, siebentes und achtes Bild

Der Weg des Thomasius über die Schwelle beginnt schon gleich zu Anfang im Rosenkreuzer-Tempel (zweites Bild). Viele Jahre sind vergangen, seit sich Maria von ihm getrennt und er sich Luzifer aufgeschlossen hat. Nun steht er in der Mitte seiner 40er-Jahre, sie ist etwa 50 Jahre alt. Da stehen sie zum ersten Mal wieder zusammen in den Räumen des Mystenbundes. Thomasius hat soeben den Rosenkreuzern schweren Irrtum vorgeworfen. Hilarius sieht: «Was begonnen ist, es wird sich jetzt nicht weiterführen lassen.» Alle haben sich daraufhin zurückgezogen, nur Maria und Thomasius bleiben. In Thomasius spricht die Stimme des Gewissens: «Es schwanken deine Gedanken am Abgrund des Seins; und was als Stütze ihnen verliehn, du hast es verloren. Und was als Sonne ihnen geleuchtet, es ist dir erloschen. Du irrest in den Weltentiefen, die Menschen sehnsuchttrunken erobern wollen. Du bebest in den Werdegründen, wo Men-

---

101 «Der strenge Hüter an der ernsten Schwelle …, er hatte ganz besonders strenge Pflichten, als sich Capesius am Tore fand. Dem ernsten Forscher musste dies geöffnet, doch hinter ihm sogleich verschlossen werden» (III,5).

schen Seelentröstung entbehren müssen.» Er hat Recht gehabt mit seinem Vorwurf – und doch hat er dabei viel verloren. Das wird ihm der Hüter der Schwelle später vor Augen führen: «Du musst dich trennen erst von vielen Kräften, die du im Erdenleibe dir erworben. Behalten kannst du doch von ihnen nur, was sich in geistig reinem Streben dir erschlossen und auch rein verblieben ist. Doch dieses hast du selbst von dir geworfen und Ahriman als Eigentum gegeben. Was dir jetzt noch erhalten, das hat dir für Geisteswelten Luzifer verdorben. Ich muss es an der Schwelle dir benehmen, wenn du gerecht sie überschreiten willst. So bleibt dir nichts; ein wesenloses Wesen, das wirst du sein, wenn du dich geistig findest» (III,7). Maria weiß und erlebt, was Johannes jetzt durchmacht. Sie ist die Einzige, die Thomasius auch in diesem Drama konsequent nur «Johannes» nennt.[102] So spricht sie ihn zum ersten Mal wieder an. «Johannes, die Gefährtin deiner Seele, sie darf an deiner Seite wieder stehn, und folgen darf sie dir in Weltengründe, in denen Seelen sich das Götterfühlen erkämpfen durch die Siege, die vernichten und von Vernichtung kühn das Sein ertrotzen.»

Mit diesen Worten kommt ein neuer Ton in die Beziehung. Sie sagt ihm im weiteren Verlauf auch nicht, was ihr schon jetzt vor Augen steht: er selbst nämlich ist einem Irrtum unterlegen. Sondern sie nimmt ihn in *seinem* Tun ganz *ernst.*

---

102 Im *Hüter der Schwelle* ist er ansonsten «Thomasius». Das ist der Name für die Zeit, in der er sich von allem fernhält, was zuerst der Inhalt seines Lebens war. Nur in «Lucifers Reich» nennen ihn auch die anderen Wesen (Lucifer, Der Doppelgänger, Benedictus) «Johannes». Auch der Hüter der Schwelle sagt einmal diesen Namen.

Jahre vorher hätte sie noch selbstverständlich den jungen Maler auf einen Irrtum seiner Kunst hingewiesen. Jetzt weist sie nur darauf hin, in welche Richtung Johannes – wenn auch er sich selbst ganz *ernst* nehmen will –, konsequent Notwendigkeiten anerkennend, blicken muss. Das Werk, das er geschaffen und für gut befunden hat, scheint nun, nach Ahrimans Belehrung, verloren zu sein. Er blickt ganz anders auf «dieses Werk, das gut *und* schädlich ist». Das hat Konsequenzen, auf die Maria ihn hinweist: «Dass du verloren, was dir schon gewonnen, es lasse dich erkennen, wie du weiter die Geisteswege richtig wandeln sollst. Du kannst Verständnis, das du ehemals zum Richter deines Handelns wohl gebrauchtest, von dieser Stunde an nicht mehr berufen, wenn du es ernstlich für verloren hältst.» Es kommt bei dieser neuen Art der Führung nicht mehr vor allem darauf an, ob man irrt oder nicht, sondern dass man mit den Konsequenzen seiner Entscheidungen lebt. Von Rudolf Steiner gibt es einen Hinweis auf Michael, der ein hierarchisches Wesen und geistiger Führer dieser Art ist: «Michael … arbeitet mit den Folgen, nicht mit den Ursachen.»[103] Wir leben heute in einem «Michaelischen Zeitalter»[104], in dem moralische Prinzipien alter Art zunehmend ihre Bedeutung verlieren. Stattdessen kommt immer mehr darauf an, wie der Mensch sich selbst *ernst* nimmt und zu den *Folgen* seiner Handlungen steht. So kann Maria zu Johannes die folgenschweren Worte sagen: «Ob du in Wahrheit oder Irrtum wandelst, du kannst die Aussicht dir stets offen

---

103 Notizbuch-Eintragung vom 13. 1. 1924 zum Vortrag am gleichen Tag (GA 233 a). Veröffentlicht in der Wochenschrift *Das Goetheanum* vom 20. 11. 1994.

104 Siehe Kapitel *Michael,* Seite 38 ff.

halten, die deine Seele weiterdringen lässt, wenn du Notwendigkeiten mutig trägst, die aus des Geistesreiches Wesen stammen. Dies ist Gesetz der Geistesschülerschaft.» Nicht mehr *Wahrheit oder Irrtum* sind die entscheidenden Kategorien, sondern im Weiterschreiten *das mutige Tragen von Notwendigkeiten.* Er ist mit seinen Gedanken «am Abgrund des Seins» angekommen – und muss jetzt einen ganz neuen Anfang setzen. Den wird er finden, wenn er die Schwelle zur geistigen Welt nicht nur wie bisher immer wieder berührt, sondern auch überschreitet. Dazu bedarf er ihres Mitwirkens.

Durch das neu beginnende Zusammenwirken von Maria und Johannes hat für ihn ein Prozess der Befreiung von Luzifer seinen Anfang genommen. Dazu reichen seine eigenen Kräfte nicht aus. Maria aber sieht sich mitverantwortlich für seine Situation, weil sie Luzifer durch ihre Trennung von Johannes die Tore geöffnet hat. Sie fragt nicht nach Irrtum oder Wahrheit für ihre Trennungs-Entscheidung, sondern wird «Notwendigkeiten, die aus des Geistesreiches Wesen stammen», mutig tragen. Und es wird sich als notwendig erweisen, dass ein Opfer gebracht wird. Ein wirkliches Opfer ist die freieste Tat, die ein Mensch vollbringen kann – auch und gerade dann, wenn das Opfer gebracht wird aus Einsicht in das Notwendige. Um die Macht Luzifers über Johannes zu dämpfen, wird sie vor Luzifer das Opfer bringen – ein *Erkenntnisopfer*, denn Luzifer, der «Lichtträger»[105], steht am Anfang der menschlichen Erkenntnis. Im dritten Bild ist der Augenblick gekommen, wo Maria, an Luzifer gewandt, auf dieses Opfer zugeht: «Du Träger jenes Lichtes, welches Liebe im Dienst der Eigenheit nur halten will, du hast im Erdbe-

---

105 So die wörtliche Übersetzung.

ginn den schwachen Menschen Erkenntnis schon verliehn, als sie von Göttern bestimmt erst waren, ohne Eigenwille dem Geisteswillen unbewusst zu folgen.» Die Erkenntniskräfte unterliegen seither der Herrschaft Luzifers und werden ihm erst dann entrissen werden, wenn der Mensch sie von der «Eigenliebe» mehr und mehr lösen und selbstlos machen kann. Das Erkenntnisopfer Marias ist ihr Gelöbnis vor Luzifer: «Wisse, in dem Herzen, das Maria in dieser Stunde dir entgegenstellt, hat Geistesschülerschaft die Kraft belebt, von allem Wissen stets die Eigenliebe entfernt zu halten. Niemals will ich künftig von jener Seligkeit mich finden lassen, die Menschen fühlen, wenn Gedanken reifen. Zum Opferdienst will ich das Herz mir rüsten, dass stets mein Geist nur denken kann, um denkend des Wissens Früchte Göttern hinzuopfern. Erkenntnis wird mir dann zum Weihedienst. Und was ich so in meinem Innern wirke, es strömt dann auf Johannes kraftvoll über.»

Maria weiß, dass Johannes das ganz Neue, das ihm jetzt weiterhelfen kann auf seinem Weg, sich nur von jenseits der Schwelle erringen kann. Aber er erfüllt noch nicht die Voraussetzungen, die Schwelle nicht nur zu betreten, sondern auch zu überschreiten. Wir berühren da einen eigenartigen Punkt im Dramen-Geschehen. Die Begegnung mit dem Hüter der Schwelle ist eine im höchsten Sinn individuelle Erfahrung – eine Ich-Erfahrung. Die Schwelle ist ein Nadelöhr, da kommen alle Gemeinschaftsprozesse an ihr Ende. Erst jenseits der Schwelle gibt es ganz neu wieder Gemeinschaft mit anderen Wesen. Nun hören wir von ihr, dass Johannes dennoch am Hüter der Schwelle vorbeigelassen werden kann – zusammen mit ihr: «Drum muss dein Wesen völlig schweigsam werden und schweigsam harren, was der Geist ihm bringt; und dann erst wieder sich mit dir beraten, wenn du dich selbst dir neu gewonnen hast. Dem ernsten Hüter bist du oft begegnet, der strenge Wache an der Schwelle hält, die Geistessein von Sinneswelten trennt; doch bist du nicht an ihm vorbeigekommen. Stets wandtest du beim Anblick dich zurück und sahest dir von außen alles an. Doch nicht im Innern, welches außer dir sich weitet als die Geisteswirklichkeit, bist du gewesen; so erwarte noch, was dir sich offenbaren wird, wenn du an meiner Seite nicht *betreten* nur, wenn *überschreiten* du auch kannst die Schwelle.» Was heißt das, wenn Johannes *an Marias Seite* die Schwelle überschreitet? Wir können uns hier Vorstellungen bilden, die vergleichbar denen sind, die wir bilden mussten, um zu verstehen, dass Benedictus die Reife erlangt hat, mit seinem «Rat zu dienen in den Geistersphären». Und damit verbunden wird ihm die Verantwortung übertragen, einen Menschen für eine besondere Aufgabe zu erwählen. Gewiss erlischt die Verantwortung nicht einfach mit der vollzogenen Wahl. Benedictus muss immer weiter die Wahl dieses bestimmten Menschen verantworten – er «bürgt» für diesen Menschen gegenüber der geistigen Welt. Wenn Johannes beim Hüter der Schwelle angekommen ist, wird es ähnlich sein: Maria muss für Johannes «bürgen». Ihr Gelöbnis vor Luzifer wird diese «Bürgschaft» tragen. Und damit trägt Maria auch Verantwortung für das, was durch den Schwellenübertritt des Johannes geschieht. Sie geht – irdisch-menschlich gesprochen – ein weit reichendes «Risiko» ein. Aber das alles sind auch Elemente von Gemeinschaften der Zukunft. Tatsächlich könnte man sie sachgerecht «Risiko-Gemeinschaften» nennen.

Im siebenten Bild stehen Thomasius und Maria vor dem Hüter der Schwelle. Thomasius ist, weil Luzifer («...ich werde kämpfen …») weiter Macht über ihn hat, in eine Liebe zu Theodora verfallen, in der Sinnliches und Geistiges tief vermischt sind. Theodora ist schon gestorben, aber seine Art der Leidenschaft drängt zu ihr auch über die Schwelle der geistigen Welt. Dem Hüter sagt er: «Mit all der Kraft, die Lucifer verleiht, gerüstet, will ich mich an dir vorbei zu Theodora drängen, welche ich im Lande jenseits dieser Schwelle weiß.» Man muss sagen, die Deutlichkeit kann nicht mehr gesteigert werden, mit der sich die Unwürdigkeit des Thomasius zeigt, die Schwelle zu überschreiten! Und gewiss hat der Verfasser des Dramas diesen dramatischen Krisenpunkt auch bewusst so gestaltet. Umso schwerer wiegt dann das «Dennoch …». Thomasius wird trotz allem die Schwelle überschreiten können – an der Seite von Maria. Sie wird ihn vor Luzifer jenseits der Schwelle schützen, weil in ihr die Erkenntnis selbstlos ist, das heißt *christlich.* Ihr Gelöbnis vor Luzifers Thron gibt ihr dazu das Recht und die Möglichkeit: «Vor seinem Throne stehend hat mein Herz sich streng geloben dürfen, dieser Liebe in künft'gen Erdenzeiten so zu dienen, dass ihr Erkenntnis, die von Lucifer in Menschenseelen strömt, nicht schaden kann. Und Menschen werden stets sich finden müssen, die auf der Götter Liebeoffenbarung mit starkem Sinne hören, wie sie einst auf Lucifers Erkenntnisworte hörten. Johannes hat im Erdenleibe jetzt Gehör für meine Stimme nicht wie früher, als ich in langvergangnen Erdenleben ihm offenbaren durfte, was mir selbst vertraut Hybernias Weihestätten hatten, von jenem Gotte, der im Menschen wohnt, und der einst über Todesmächte siegte, weil er der Liebe Wesen leben konnte. Der Freund, er wird im Geistesreiche wieder das Wort aus meiner Seele hören können, für welches Lucifer sein Erdgehör ihm trüben konnte durch die Wahneskraft.»

So kann Thomasius am Hüter vorbei, um an der Seite von Maria «im Geistesreiche» das zu finden, was er am meisten liebt und von dem er glaubt, dass das Theodora sei.

Der Weg am Hüter vorbei führt Maria und Thomasius unmittelbar in Ahrimans Reich. Thomasius sucht das Wesen, das er am meisten liebt – «Ich werde Theodora schauen können!» –, und begegnet diesem Wesen: *sich selbst.* Wenn er dann zurückkommt von jenseits der Schwelle, ist er so geworden, wie er nach den «strengen Regeln» des Hüters hätte sein müssen, *bevor* er die Schwelle überschritt: er ist *sich selbst* begegnet. Wieder haben wir die Umkehrung normaler Verhältnisse: Die geforderte *Voraussetzung* des Schwellenübertritts – die Begegnung mit sich selbst – ist nun zur *Wirkung* des Schwellenübertritts geworden. Marias «heilig ernst Gelöbnis» hat den Weg dafür bereitet. Der Schwellenübertritt des Thomasius, für den Maria die Möglichkeit geschaffen hat, hat ihn von Luzifer wieder befreit, in dessen Abhängigkeit er sich selbst am Ende des zweiten Dramas begeben hat.

Ablösung im Tempel
Neuntes und zehntes Bild

Im zehnten Bild erfolgt die Ablösung der Rosenkreuzer durch die Schüler des Benedictus, in welchem sich «die Geisteströmung zum Ausdruck [bringt], welche lebendig-gegenwärtiges Geistesleben an die Stelle des bloß traditionellen setzen will, wie es von dem dort vorkommenden ‹Mystenbund› behütet wird.»[106]. Sie haben sich nun zusammenge-

---

106 *Der Seelen Erwachen*, Personenverzeichnis.

funden und bedürfen, wie Benedictus sagt, der Ordnung nach Maß und Zahl: «Es haben meine Schüler ihren Seelen das Geisteslicht in jener Art erschlossen, die ihrem Schicksal angemessen ist. Sie sollen, was sie sich errungen haben, ein jeder für den andern fruchtbar machen. Es kann dies nur geschehn, wenn ihre Kräfte am Weiheort, nach Maß und Zahl geordnet, sich zu der höhern Einheit binden wollen, die erst zum wahren Leben wecken kann, was einzeln nur im Sein verbleiben muss.» Hier scheint sich das Urteil zu bestätigen, das Thomasius gegenüber den Tempel-Brüdern im ersten Bild gefällt hat, indem er ihnen die weitere Legitimation zur Führung des Tempels abspricht. Aber ihre Zeit ist auch unabhängig davon abgelaufen. Benedictus sagt ihnen weiter: «Euch selbst, die ihr die hohen Geistesdienste seit vielen Jahren treu verwalten durftet, wird andres Werk in Zukunft anvertraut. Das Weltenschicksal ruft die Menschensöhne für Zeiten nur in seine Weihetempel und fordert sie für andres Wirken dann, wenn ihre Kräfte sich erschöpft im Dienste.»

Damit diese Ablösung möglich wird, müssen sich aber erst «Benedictus' Schüler» zusammenfinden. Wir haben gesehen, wie das – außer für Maria – jeweils ein Schwellenübergang war für Strader, Capesius und Thomasius. Jeder der drei hat seine ganz persönlich bestimmte Erfahrung an der Schwelle gemacht, jeder hat auf seine Weise die Schülerschaft des Benedictus gefunden oder, wie Thomasius, wieder gefunden. Nun finden sie sich gemeinsam als «Benedictus' Schüler». Das wird im neunten Bild vorbereitet in Gesprächen, die jeweils einzeln geführt werden von Benedictus mit Capesius und Strader, und von Maria mit Thomasius. Benedictus spricht zu Capesius von der «Dreiheit», die nun durch ihn, Thomasius und Strader gebildet werden muss. «Thomasius und Strader, sie vermögen, vereint mit dir, in Zukunft viel zu schaffen, was Menschenheil im rechten Sinne fördert. Die Seelenkräfte, welche sie besitzen, sie haben seit dem Erdenurbeginn in solcher Art sich wirksam vorbereitet, dass sie im Weltenlauf mit deinem Geiste sich kraftvoll jetzt zur Dreiheit schließen können.» Für Thomasius wird dieses Zusammenwirken im Tempel jetzt möglich, weil er anerkennen kann, sich fortan als «Zweiheit» zu fühlen: «Durch Benedictus und durch deine Hilfe bin ich ein Wesen, das für sich besteht … Was ihr mir gabet, ist ein Mensch für sich, der andern Menschen willig reichen muss, was ihm gewährt durch Geistesschülerschaft.» Und dann gibt es noch den anderen, unvollkommenen Menschen, von dem Thomasius am Anfang im zweiten Bild noch meint, dass dieser es unmöglich mache, anderen Menschen *willig zu reichen, was ihm gewährt durch Geistesschülerschaft.* Vielmehr macht er den Rosenkreuzern den Vorwurf: «Da ihr die Führer dieses Lebens seid und in den Geisteswelten lesen solltet, so hätte euch doch nicht entgehen dürfen, dass dieses Werk von einem andern Menschen und nicht von mir verrichtet werden musste.» Jetzt sieht er ein, dass dieser neue Mensch durchaus in der Welt wirken darf und muss, «doch darf in diesem Menschen nichts vom andern sich störend mischen, der am Anfang erst der wahren Selbsterkenntnis sich erahnt.» Nicht die luziferische Forderung nach irgendeiner Art von «Vollkommenheit» ist der Weg, sondern die schmerzliche innere Trennung, die Anerkennung: «Als Zweiheit muss ich fühlen, was ich bin.»[107] Er kann nun bejahen, was den Templern eine Wahrheit war: «Es wägt allein das Gute in den Seelen, wer hohem Werke sich ge-

107 *Der Hüter der Schwelle*, neuntes Bild.

widmet, und lässt das Schlimme seine Sühne finden im Lauf der Weltgerechtigkeit.»

Nachdem sich so die *Dreiheit* von Thomasius, Capesius und Strader gebildet hat, kann die Ablösung im Tempel erfolgen. Jeder wird an einem der Altäre künftig seinen Dienst verrichten. Die Rosenkreuzer-Strömung mündet in das «lebendig-gegenwärtige Geistesleben» ein, wie es von Benedictus repräsentiert wird und dem Zeitgeist Michael verpflichtet ist.

Der Seelen Erwachen

Für anderes Wirken gefordert – eine menschengemäße Industrie
Erstes Bild

Am Schluss des *Hüters der Schwelle* sind die Träger der Verantwortung im Rosenkreuzer-Tempel abgelöst worden. Benedictus hatte ihnen die Fälligkeit dieses Schrittes vermittelt: «Das Weltenschicksal ruft die Menschensöhne für Zeiten nur in seine Weihetempel und fordert sie für andres Wirken dann, wenn ihre Kräfte sich erschöpft im Dienste.» Das ist nun zu einer Tatsache geworden, die den Anfang des vierten Dramas *Der Seelen Erwachen* bildet – schon bald danach, nur etwa ein Jahr später. Hilarius Gottgetreu, vor nicht langer Zeit noch der Großmeister des Mystenbundes, hat sich seither ganz dem väterlichen Erbe gewidmet, einem Werk der holzverarbeitenden Industrie, und wirkt dort als verantwortlicher Unternehmer. Die Art und Weise, wie er das Unternehmen zu führen bestrebt ist, wird gleich im ersten Bild gezeigt und offenbart das Generalthema des vierten Dramas. Das erste Drama hat den Untertitel *Ein Rosenkreuzermysterium.* Aber es wurde schon gesagt, dass sich das Rosenkreuzer-Motiv durch alle Dramen zieht und stufenweise steigert und entfaltet. Im ersten Drama erscheint das Motiv so, dass es von den Menschen noch mehr oder weniger in Frage gestellt wird, am deutlichsten vielleicht von Romanus: «Ich finde nicht die Brücke, die von Ideen zu Taten wahrhaft führen könnte» (I,1). Diese «Brücke» zu bilden, kann man als den wesentlichen Rosenkreuzer-Impuls verstehen. Im zweiten Drama finden wir den Rosenkreuzer-Impuls, wie er schon bei den Templern veranlagt war und in ihrem Weihespruch ausgesprochen wurde: «Es muss sein Sondersein und Leben opfern, wer Geistesziele schauen will durch Sinnesoffenbarung; wer sich erkühnen will, in seinen Eigenwillen den Geisteswillen zu ergießen» (II,7). Im dritten Drama steht das Öffnen der Tempelpforten ganz im Zeichen der Rosenkreuzer-Wirksamkeit: seine «Geistesschätze» sollen der Welt übergeben und für die Welt fruchtbar werden. Strader hat in dieser Welt auf seine Weise bereits rosenkreuzerisch vorgearbeitet: «Schon nahe fühlt' ich mich der bittern Meinung, es sei im Weltenschicksal vorbestimmt, dass sich der Siegeszug im Stoffgebiet der Geistentfaltung feindlich zeigen müsse. Es brachte, was ein Zufall scheinen könnte, mir aus des Denkens Wirrnis die Erlösung. Als ich Versuche anzustellen hatte, die solchen Fragen wahrlich ferne lagen, entrangen sich ganz plötzlich meiner Seele Gedanken, die den rechten Weg mir wiesen. Es reihte dann Versuch sich an Versuch, bis endlich der Zusammenklang von Kräften auf meinem Arbeitstische sich ergab, der einst in seiner vollen Ausgestaltung rein technisch jene Freiheit bringen wird, in welcher Seelen sich entfalten können» (III,1). Im vierten Drama schließlich bezieht sich alles auf die Frage und den Impuls (von Hilarius so formuliert), «Sinnensein mit Geistesoffenbarung zu durchdringen» (IV,1).

Hilarius möchte diesem für die Wirtschaft ganz neuen Impuls folgen und ist dabei, sein Unternehmen entsprechend umzustellen. Im Gespräch mit seinem Berater, der eine verantwortliche Stelle im Unternehmen hat (der «Bürochef») und kritische Rückfragen stellt, erläutert er sein

Konzept: «Ich will in Zukunft so das Werk nicht führen, wie es bisher den Weg genommen hat … Es soll fortan *Thomasius* als Künstler die Arbeitsstätte leiten, die ich ihm in unsrer Nachbarschaft erbauen will. So wird, was wir mechanisch leisten können, von seinem Geiste künstlerisch gestaltet und zu der Menschen Taggebrauch dann liefern, was nützlich ist *und* edle Schönheit trägt. Gewerbe soll mit Kunst zur Einheit werden, alltäglich Leben mit Geschmack durchdringen. Ich füge so zum toten Sinnesleib, als welche unsre Arbeit mir erscheint, die Seele, die ihr erst den Sinn verleiht» (IV,1). Wie soll so eine ungewohnte und neue Idee in die Tat umgesetzt werden? Wer kann einen solchen Plan verwirklichen? «Wie sollt' ich mir so hohe Ziele setzen, hätt' nicht ein gut Geschick mir zugeführt den Mann, der leisten wird, was ich erstrebe. Und wundern muss ich mich, dass euer Blick in *Strader* diesen Mann nicht schauen kann.» Aber wie soll man Produkte verkaufen, für die noch gar keine Nachfrage da ist, weil die Menschen noch gar nicht *aufgewacht* sind für ihre tieferen Bedürfnisse? «Es leuchtet mir wohl ein, dass meine Pläne als unvollkommen sich erweisen müssten, wenn nicht Verständnis erst geschaffen würde für diese neue Art und Arbeitsweise. Was Strader, was Thomasius vollbringen, es muss vollendet werden in der Stätte, die ich dem Geisteswissen will begründen. Was *Benedictus*, was *Capesius* und was *Maria* dort verkünden werden, es soll dem Menschengeist die Wege weisen, dass ihm Bedürfnis werde, Sinnensein mit Geistesoffenbarung zu durchdringen.» Wissenschaft, Kunst und soziales Leben sollen also einziehen in die industrielle Produktion. Und hier erhalten Capesius, Thomasius und Strader ihre jeweils besonderen Aufgaben. Sogar eine Art Hochschule für Geisteswissenschaft soll geschaffen werden in der «Stätte, die ich dem Geisteswissen will begründen» und wo mit Capesius auch Benedictus und Maria zusammenwirken sollen. Man hört den Anklang an das, was Rudolf Steiner später (1923) über Anthroposophie gesagt hat: «So beginnt Anthroposophie überall mit Wissenschaft, belebt ihre Vorstellungen künstlerisch und endet mit religiöser Vertiefung.»[108] Für *Religion* setzt Steiner oft auch *soziales Leben.*[109] Man könnte für die drei Bereiche Wissenschaft – Kunst – soziales Leben auch die drei Begriffe aus der *Philosophie der Freiheit* setzen: moralische Intuition – moralische Phantasie – moralische Technik.[110] Das Neue, das durch die Schüler des Benedictus in den Tempel gebracht wird und an den Altären des Johannes, Capesius und Strader gepflegt wird, soll in die Welt strömen, wo jene nun wirken, die einst im Tempel Dienst taten und denen nun «andres Werk» anvertraut worden ist.

So weit die Idee; die Wirklichkeit aber sieht düster aus. Das vor allem ist die Sorge des Beraters: «Es zeigt mir mancher Vorfall jetzt ganz deutlich, dass unsre Arbeit mehr und mehr verfällt, und dass wir nicht mehr leisten, was wir sollen. Es mehren sich die Stimmen, die beklagen, wie unsre Leistung sich an Wert vermindert und andre Häuser uns den Rang bestreiten …» Der Plan, «den ihr schön erdacht», funktioniert also in der Wirklichkeit nicht. Das beunruhigt

---

108 GA 257, 30.1.1923.

109 Im August 1921 hält er z. B. in Dornach drei Vorträge zu den Themen: *Anthroposophie und Kunst – Anthroposophie als Wissenschaft vom menschlichen Wesen – Anthroposophie als Moralimpuls und soziale Gestaltungskraft* (GA 77 b).

110 GA 4, Kap. IX und XII.

Hilarius aber kaum: «Gar wohl bewusst seit lange ist mir dies, doch lässt es mich, fürwahr, ganz unbesorgt … Wer Neues schaffen will, der muss gelassen des Alten Untergang erleben können.» Wie kommt er zu dieser Gelassenheit? Er müsste allerdings hoch besorgt sein, «wenn ich für einen Augenblick Erfolg in eurem Sinne wollt' verstehen. Es mag misslingen, was mir wertvoll scheint; doch selbst, wenn alle Welt es nur verachtet und es deshalb in sich zerfallen muss, so war es doch einmal von Menschenseelen als Vorbild auf der Erde hingestellt. Es wird im Leben geistig weiter wirken, selbst wenn es sich im Sinnessein nicht hält. Es wird ein Teil der Kraft in ihm geschaffen, die endlich zur Vermählung führen muss von Geisteszielen und von Sinnestaten. So kündet es die Geisteswissenschaft.» Hier spricht Hilarius in größter Klarheit den Impuls der Rosenkreuzer aus: an der «Vermählung von Geisteszielen und von Sinnestaten» zu arbeiten, auch wenn der Impuls zunächst scheitern sollte. Der Berater kann hier nicht mehr folgen und Strader, der inzwischen dazugekommen ist, sieht, was das bedeutet: «So stellt in euch ein Geisteswissens-Irrtum sich gegen meine Ansicht feindlich hin. Dann werden sich die Schwierigkeiten mehren …»

Das erste Bild lässt wie eine Ouvertüre das Grundthema des vierten Dramas aufklingen. Es geht um die «Vermählung von Geisteszielen und von Sinnestaten».

Hilarius Gottgetreu

An dieser Stelle soll – stellvertretend für andere – eine Gestalt etwas genauer in den Blick genommen werden, die im ersten Drama mit seiner sorgfältigen Einführung der handelnden

Personen noch nicht auftritt. Als Großmeister des Templerordens taucht sie zum ersten Mal in *Die Prüfung der Seele* in der mittelalterlichen Szene auf (II,7). Das unvermittelte Erscheinen ist deshalb so überraschend, weil diese Gestalt nicht als Einzelgänger auftritt, wie etwa der Jude Simon, sondern mitten in der eng gefügten und in sich geordneten Gemeinschaft der Tempelherren zusammen mit seinen Gefährten, die alle schon im ersten Drama aufgetreten sind. So taucht deutlicher die Frage auf: Wo war er, als die anderen sich im Vorraum des Vortragssaales am Beginn des ersten Dramas trafen und miteinander sprachen? Eine rein äußerliche und wenig befriedigende Antwort, die nicht weiter verfolgt werden soll, wäre: Rudolf Steiner wusste eben 1910 noch nicht, dass er diese Gestalt später noch brauchen würde, sonst hätte er sie gewiss auch schon eingeführt. –

Drei Wesenszüge fallen auf in allen drei Dramen, in denen er erscheint, und auch in den drei verschiedenen Inkarnationen, die dargestellt werden (Gegenwart, Mittelalter, Ägypten). Er steht in einer besonderen Nähe und zugleich in einer Polarität zu Benedictus. Das zeigt sich unter anderem darin, dass er nie zugleich mit Benedictus auftritt – also ein strenges «Entweder – Oder» zwischen den beiden waltet, wovon es zwei charakteristische Ausnahmen gibt[111]: Im ägyptischen Tempel (IV,8) steht Benedictus als *Höchster Opferweiser* «an der einen Seite des Opferaltars». Hilarius als *Wortebewahrer* steht polar «an der anderen Seite» des Altars. Die andere Ausnahme finden wir am Schluss des

111 Eine dritte Ausnahme ist im Geistgebiet (IV,5), die aber nicht wirklich Ausnahme ist, weil dort die Seelen nicht getrennt sind.

Hüters der Schwelle ebenfalls im Tempel (III,10). Dort stehen, wieder polar am Altar im Osten, Benedictus und Hilarius zusammen: Der Erste steht mit seinen Schülern, die er in den Tempel bringt, für einen Neuanfang; der Andere wird abgelöst, weil seine «Kräfte sich erschöpft im Dienste». Im 14. Jahrhundert bei den Templern gestaltet sich Hilarius' Nähe und Polarität zu Benedictus anders, nämlich durch Nicht-Gleichzeitigkeit. Er steht einerseits stellvertretend an der Stelle, an der im Sonnentempel Benedictus gemeinsam mit Theodosius und Romanus wirkt[112], die sich jetzt in ihrer mittelalterlichen Inkarnation als erster und zweiter Zeremonienmeister mit dem Großmeister zusammenfinden. Benedictus spricht im Sonnentempel zu den Brüdern: «Die ihr Gefährten mir geworden im Reich des ewig Seienden, ich bin in eurer Mitte jetzt, die Hilfe mir zu holen, der ich von euch bedarf» (I,5).[113] In unüberhörbarem Anklang an diese Worte spricht der Großmeister in der Templer-Burg zu den Brüdern: «Die ihr Gefährten mir geworden im Suchen nach der Menschheit Zukunftzielen, die aus dem Geistgebiet zu tragen ins Reich des Erdenwirkens als Bundessatzung uns gegeben: Ihr sollt mir treu zur Seit' auch stehn in dieser Zeit der schweren Sorgen» (II,7). Aber der Großmeister lebt in einer durch die Templer-Vernichtung geistig verfinsterten Zeit, in der Benedictus, der Hierophant im Sonnentempel, nicht in-

112 Dreimal erscheint Benedictus in dieser Konstellation im Sonnentempel, der «verborgenen Mysterienstätte der Hierophanten»: I,5; I,11; II,13.

113 Ähnlich das dritte Mal im Sonnentempel: «Berufen hab' ich euch, die ihr Gefährten mir seid im Suchen nach dem Geisteslicht, das zu den Menschenseelen strömen soll» (II,13).

karniert ist – vielleicht auch nicht inkarniert sein kann; er ist «etwa fünfzig Jahre vorher verstorben» (II,7).

Ein zweiter Wesenszug: In den Umbruchs- und Zeitenwende-Zeiten, die in den Mysteriendramen allein dargestellt werden, hat er immer das Alte und Untergehende zu verantworten, das in die Katastrophe Einmündende. In Ägypten ist er der Worte-*Bewahrer*, der in dem Moment, wo die bisherige Form der Initiation versagt, «im Zorn» zu dem Opferweisen spricht: «Es wär' nicht möglich, hättet ihr das Amt, das euch als Opferweiser anvertraut, im Sinne uralt heil'ger Pflicht verwaltet.» Auch die Szene im Mittelalter ist von Untergangsstimmung geprägt: «Seit unser teures Haupt gefallen … ist hoffnungslos all unser Erdenstreben.» Auch die Templer-Burg wird untergehen.

Im dritten Drama schließlich vertritt er das Öffentlichwerden rosenkreuzerischer Prinzipien, weil sich – wie Friedrich Trautmann, der zweite Zeremonienmeister des Rosenkreuzer-Tempels, den Menschen erläutert – in dieser Zeit verbinden muss «der Weihetempel heil'ger Weisheitsdienst mit allgemeinem Menschensinn, der fern von Mystenpfaden nach der Wahrheit sucht. Doch sagten auch des Weltenplanes Zeichen, dass, ehe dieses sich vollziehen könne, ein Mensch erst kommen müsse, der das Wissen, das auf Vernunft und Sinn allein gegründet, in solche Formen bringet, die vermögend sind, die Geisteswelten wirklich zu begreifen. Dies ist geschehen», Thomasius hat die Voraussetzungen geschaffen (III,1). Und nun muss Hilarius erleben, dass sich Thomasius ganz unerwartet verweigert und den Tempel auch noch des schweren Irrtums bezichtigt. Auch hier geht damit endgültig etwas zu Ende. Hilarius kann nur noch feststellen: «Ihr lieben Brüder, was begonnen, es wird sich jetzt nicht weiterführen lassen.» Zuletzt finden wir ihn in *Der Seelen Erwachen* in einer wieder ähnlichen End-Situation, von der Gottgetreus Sekretär dem Bürochef berichtet: «Dass wir an Pünktlichkeit es fehlen lassen, dass unsere Arbeit nicht die Waage hält der Leistung andrer Werke dieser Art, so schreibt man uns; ein gleiches muss ich jetzt auf meinen Reisen immer wieder hören. Der gute Ruf des Hauses schwindet hin, der noch von Gottgetreus Altvordern sich auf uns vererbt ...» (IV,1).

Als Verwalter des Alten («der Kenner traditionellen Geisteslebens»[114]) dient Gottgetreu aber in allen Situationen zugleich dem Neuen, das kommen will. So bezieht er klar den Untergang der Templer auf die Zukunft: «Was wir gepflanzt in Seelen haben, es mag für diese Zeiten sterben; doch werden wiederkehren solche Menschen, die unsres Geistes Licht geatmet, und unsre Werke dann der Welt verleihn» (II,7). Besonders deutlich wird diese innere Orientierung im letzten Drama in Bezug auf seine neue Art, ein Unternehmen leiten zu wollen: «Wer Neues schaffen will, der muss gelassen des Alten Untergang erleben können ... Es mag misslingen, was mir wertvoll scheint; doch selbst, wenn alle Welt es nur verachtet und es deshalb in sich zerfallen muss, so war es doch einmal von Menschenseelen als Vorbild auf der Erde hingestellt. Es wird im Leben geistig weiter wirken, selbst wenn es sich im Sinnessein nicht hält» (IV,1).

Damit kommen wir zum dritten Wesenszug des Hilarius Gottgetreu. Er wartet darauf, die Richtung seines Handelns aus höheren Welten gezeigt zu bekommen. In seiner Inkarnation als Großmeister der Templer wird das zum ersten Mal greifbar in der Art, wie er seine Rede an die Brüder schließt:

---

114 *Der Seelen Erwachen*, Personenverzeichnis.

«So spricht zu meinem Geiste oft der große Führer aus dem Totenreich, wenn ich in meinen stillen Stunden in meine Seelengründe tauche und Kräfte mir erwachen, zu weilen in dem Geisterlande. Ich fühle dann des Meisters Gegenwart und höre seine Worte, wie ich im Sinnesleben sie oftmals hören durfte.» – Ähnlich verhält sich dann Hilarius nach der Katastrophe am Anfang des *Hüters der Schwelle*, wenn er sagt: «Ihr lieben Brüder, was begonnen, es wird sich jetzt nicht weiterführen lassen. Wir müssen uns zum Orte hinbegeben, an dem der Geist uns seinen Willen kündet.» – In *Der Seelen Erwachen* hat Hilarius bereits einen irdischen Berater, den in Bezug auf die neue Art der Unternehmensführung sehr kritischen Bürochef. Da zeigt sich, wie sehr Hilarius auf ihn angewiesen und fast abhängig ist: «Durch eure Weigerung gefährdet ihr das Werk, das Geisteszielen dienen soll, denn ohne euren Rat bin ich gelähmt» (IV,1). Und als er später von anderer Seite unerwartet Unterstützung findet: «Habt Dank, mein Freund, für diese Mystenworte … Der Welten Wege sind nur schwer ergründlich. Und mir, mein lieber Freund, geziemt zu warten, bis mir der Geist die Richtung zeigen will, die meinem Schauen angemessen ist» (IV,13).

Man kann nicht anders, als in der Art, wie dieser «Unbekannte» in den Mysteriendramen handelt – oder besser: das Geschehen erleidet –, eine gewisse Größe zu erleben, die zunächst fast unpersönlich wirkt. Die «Persönlichkeit» beginnt erst im vierten Drama sich deutlicher zu zeigen, wenn er an seine Grenzen kommt: «Ich muss euch schmerzvoll sagen, lieber Freund, dass mich der Schicksalsknoten, der sich hier in unserm Kreise formt, beinah' zerdrückt. Worauf noch soll man bau'n, wenn alles wankt?» (IV,13). Der Prozess des *Persönlich*-Werdens hat damit begonnen, dass er im Rosenkreuzer-Tempel abgelöst wurde. Im zweiten und dritten Drama erleben wir ihn immer in einer Funktion (als Templer oder Rosenkreuzer). Erst im vierten Drama ist er aufgrund der Ablösung ausschließlich aus seiner Persönlichkeit wirkend. Noch in der Rede zu den Bürgern im Vorsaal der Räume des Mystenbundes sagt er[115]: «Wir werden niemals von Verdiensten sprechen, die unsre Ämter uns erwerben ließen; allein von Gnade hoher Geistesmächte, die schwache Menschen sich zu Mittlern wählen» (III,1). Jetzt trägt ihn kein Amt mehr, es gibt keine Wegweisung, es kommt nur noch auf ihn selbst an.

Dass er im Rosenkreuzer-Tempel abgelöst wird, hängt damit zusammen, dass seine «Kräfte sich erschöpft im Dienste», man kann aber auch konkreter sagen: mit einem Irrtum seinerseits.[116] Nach der Verweigerung des Thomasius sucht er Rat: «Wir müssen uns zum Orte hinbegeben, an dem der Geist uns seinen Willen kündet.» Im achten Bild finden wir ihn dann zusammen mit Friedrich Trautmann an diesem Ort – in Ahrimans Reich! Das kommt gänzlich unerwartet und Ahriman kommentiert diesen Besuch entsprechend, nachdem sie wieder gegangen waren: «Sie sehen mich und kennen mich doch nicht; denn wüssten sie, wer hier Gebieter ist, sie wären, Weisung suchend, wahrlich nicht

---

115 Man kann sich fragen, wie in den Vorräumen des Mystenbundes wohl Benedictus nach der Ablösung des Hilarius den Menschen das Öffnen der Tempelpforten mitgeteilt hätte. Eine Antwort kann man darin sehen, wie Rudolf Steiner die Rede des Hilarius in eine «eigene» Rede umformte und zur Eröffnung des Goetheanum sprechen ließ (siehe Anhang).

116 Siehe hierzu und dem Folgenden das Kapitel *Michael,* Seite 38 ff.

hierher gekommen.» Nicht Hilarius, aber Trautmann bemerkt, dass mit diesem Ort etwas nicht stimmen kann: «Wie oft schon hab' ich dieses Reich betreten. Und doch, wie grauenvoll erscheint es mir, dass wir auch hier so oft uns Weisung holen für manche Leistung, die als Bund uns wichtig und die bedeutend ist für unsre Ziele.» Hilarius täuscht sich, wenn er nun antwortet: «Es muss das Samenkorn dem Tode erst verfallen, ehe Leben wiederkehrt. An diesem Orte soll sich alles finden, was sich im Erdenleben abgebraucht; es wird zu neuem Sein hier umgewandelt. Wenn unser Bund die Keime pflanzen will für Menschentaten, die in Zukunft reifen, so muss er Samen aus dem Toten holen.» Ahrimans Reich ist der Ort des Todes. Gewiss wird sich hier «alles finden, was sich im Erdenleben abgebraucht». Aber Ahrimans Reich ist nicht der Ort der Auferstehung. Nur durch Kräfte, die *nicht* Ahrimans Reich entstammen, wird das, was sich hier einfindet, «zu neuem Sein umgewandelt». Dieses ahnend sagt Trautmann: «Doch wenn ich deutlich oft erleben musste, wie ihr der Täuschung unterworfen seid, und eure Worte durch den Lauf der Dinge sich als ein schwerer Irrtum zeigen können, dann fühlte ich, als ob sich mir ein Alp recht schmerzlich auf die Seele legen wollte. Auch dieses Mal ist euer Wort ein Irrtum. Ihr konntet glauben, dass wir hier gewiss von diesem Geiste Gutes hören würden.» Die Antwort des Hilarius zeigt, dass er noch nicht verstanden hat: «Der Welten Wege sind nur schwer ergründlich; mein lieber Bruder, uns geziemt zu warten, bis uns der Geist die Richtung zeigen will, die unsrem Schaffen angemessen ist.» Im dreizehnten Bild wird er diese Worte noch einmal und doch anders sprechen, denn da hat er eine neue Stufe des Verstehens errungen.

Hier zeigt sich die Gefahr, die mit der Größe des Rosenkreuzer-Impulses verbunden ist. Im Rosenkreuzertum wird das zur Weltflüchtigkeit neigende Mittelalter weitergeführt in eine Geistigkeit, die ganz und gar auf die Erde hin orientiert ist. Das gibt den geistigen Boden für eine moderne Spiritualität, bringt aber auch mit sich, in eine Welt einzutauchen, in der Ahriman herrscht. Ihm nicht zu verfallen, bedarf es eines Denkens, das nicht nur durch eine logische, sondern auch durch eine spirituelle Schulung gegangen ist. Das war der besondere Weg Straders, als er sich entschloss, Schüler des Benedictus zu werden. Vorher galt ihm noch das Wort: «Bezwingst du mich mit deinen stumpfen Denkerwaffen nicht, bist mehr du nicht als flüchtig Truggebild des eignen Wahnes nur» (I,1; I,4). Ohne ein «spiritualisiertes Denken» ist der rosenkreuzerische Weg nicht zukunftsfähig und in Bezug auf Ahriman anfällig für einen Irrtum. Deshalb musste der Tempel weitergeführt werden durch die «Schüler des Benedictus».

Seinem Irrtum also verdankt Hilarius die Ablösung – und damit den Weg in persönlich verantwortetes Handeln. Scheinbar die gleichen Worte, wie sie schon in Ahrimans Reich gesprochen wurden, werden noch einmal im vierten Drama ausgetauscht zwischen Hilarius und Trautmann, der hier wieder, wie in der *Pforte der Einweihung*, den Namen Romanus trägt. Die Verzweiflung des Hilarius, seine Unsicherheit im Urteil über Strader, lässt Romanus Worte sprechen, die an das, was er in Ahrimans Reich gesagt hat, anklingen, jetzt aber weitergeführt werden: «Oft fühlte ich, als ob sich mir ein Alp recht schmerzlich auf die Seele legen wollte, wenn eure Worte durch den Lauf der Dinge sich als ein schwerer Irrtum zeigen konnten, und so die Geistesschau als Trug erschien. Der Alp ward mir zum innern Mystenmeister. Er hat in mir ein Fühlen losgelöst, das mir das Urteil jetzt erleuchten kann.[117] Ihr habt der Geistesschau zu blind vertraut; so kann sie euch als Irrtum da erscheinen, wo sie euch doch gewiss zum Wahren führte. Bei Strader habt ihr recht geschaut» (IV,13). Sehr bewegt dankt Hilarius tief «für diese Mystenworte» und fährt dann fort: «Der Welten Wege sind nur schwer ergründlich. Und mir, mein lieber Freund, geziemt zu warten, bis mir der Geist die Richtung zeigen will, die meinem Schauen angemessen ist.» Jetzt ist es das Wort eines Menschen, der nicht mehr «im Amt» wirkt, sondern sich dem Geist verpflichtet fühlt und doch in persönlicher Verantwortung steht.

Auch in dieser Situation steht er in einer Parallelität und zugleich Polarität zu Benedictus, denn auch Benedictus tritt jetzt seinen Schülern anders und in einer Art von *persönlicher Beziehung* gegenüber. «In *Der Seelen Erwachen* ist Benedictus nicht mehr bloß über seinen Schülern stehend zu denken, sondern mit seinem eigenen Seelenschicksale in die Seelenerlebnisse seiner Schüler verwoben.»[118] Die Polarität liegt darin, dass diese neue Situation ein weiterer Schritt auf dem Weg mit seinen Schülern ist, bei Hilarius hingegen das Ankommen auf seinem eigenen persönlichen Weg.

---

117 Dieser Satz wirft ein Licht auf die Angabe im Personenverzeichnis, warum er jetzt den Namen Romanus trägt: «Weil dieser seiner inneren Wesenheit entspricht, zu der er sich in den Jahren hindurchgearbeitet hat, die zwischen der *Pforte der Einweihung* und *Der Seelen Erwachen* liegen.» Er hat sich zu etwas «hindurchgearbeitet», indem ihm das Erleben des «Alps» zum «Mystenmeister» wurde.

118 *Der Seelen Erwachen*, Personenverzeichnis.

Das Schicksal der «Dreiheit»
Zweites und viertes Bild

Am Ende des dritten Dramas sind sie drei Protagonisten so weit über ihre individuellen Krisen hinweggekommen, dass sie in der Lage sind, die notwendige Dreiheit des Zusammenwirkens zu formen. Das erscheint im Bild als Stehen an drei Altären.[119] Am Beginn des vierten Dramas, beginnend im zweiten Bild, geht diese Dreiheit wieder verloren. Zuerst verlässt Capesius seinen Platz. Der Anlass ist, dass er, ohne es zu wollen und zunächst auch zu wissen – als seltene Ausnahme im geistigen Leben –, Anteil hat an einem inneren Erleben des Johannes. Er hat dieses Erlebnis gehabt, *obwohl* er es nicht gesucht hat – deutet das aber so, dass dieses Erlebnis eintrat, *weil* er es nicht gesucht habe. Daraus schließt er: «Johannes lebte, was ich sehen durfte. So ist auch klar, dass seine Welt

---

119 Die Rollen von Johannes und Capesius scheinen hier wie vertauscht. Den Wissenschaftler Prof. Capesius würde man im Osten am Altar des Denkens erwarten, den Künstler Johannes dagegen im Süden am Altar des Fühlens. Johannes aber wird an den Altar im Osten geführt. Den Grund für diese Wendung hat Magnus Bellicosus schon zu Anfang den Bürgern gesagt: «Es war Thomasius der Malerei ergeben, ehe er zur Wissenschaft durch innren Geistesruf gedrängt sich fühlte … Es ward ihm klar, dass Geisteswissenschaft nur wahrhaft gut begründet werden könne, wenn Sinn für Wissenschaft und strenges Denken durch Künstlergeist von steifer Formensucht befreit und innerlich erkraftet werde zum wahren weltverwandten Sein-Erleben. So hat Thomasius das Künstlerschaffen, das seinem Wesen hätte dienen können, dem Geist der Menschheit willig hingeopfert» (III,1).

sich mir nur öffnen konnte, weil die meine sich *begreifend* nie der seinen nahen wollte. Der Geistesweg verlangt nach Einsamkeit. Zusammenwirken können Menschen nur, die sich begreifend gegenüberstehen» (IV,2). Er wird jetzt aufs stärkste angezogen von einem Geistesweg, der *keine Begriffe* duldet. Das gibt ihm jetzt die neue Richtung, die er Maria gegenüber nennt: «Als Vorbild zeigt sich Vater Felix mir, er sucht auf Wegen, die den andern fremd, in stolzer Einsamkeit das Geisteslicht. Und seinem Suchen ward Erfolg, weil er begreiflich Wesen sich stets ferne hielt. Ihm streb' ich ferner nach: und euer Werk, das Seherkraft mit Erdensein belastet, es wird Capesius nicht mehr verführen.» Er wendet sich ab von dem Werk des Hilarius. Das rosenkreuzerische Motiv *Vermählung von Geisteszielen und von Sinnestaten* wird für ihn zum «Werk, das Seherkraft mit Erdensein belastet».

Maria sieht, dass nun Konsequenzen für die Übriggebliebenen folgen: «So müssen wohl wir andren unsre Kräfte in höhrem Maße unsrem Werke widmen.» Doch da schreckt Johannes zurück: «Maria, fordre von Johannes nicht, dass er in dieser Zeit zu neuen Zielen die Seele rüste, welche gleich der andern des Geistesschlafs bedarf … Ich weiß, ich werde einst für Geisteswelten zu wirken mich erkühnen, doch nicht jetzt verlange, dass ich tätig sei – nicht *jetzt.*» Er fühlt sich mit der ein Jahr zuvor gesehenen und akzeptierten *Zweiheit* seines Wesens (III,10) schließlich doch überfordert. Der höhere Seeleteil möchte «schlafen».

Nur Strader kann sich halten. Zwar geht auch er durch eine schwere Krise, aber er verspricht Benedictus seine Mitarbeit: «So werd' ich euch die Dienste, die ihr braucht, zu leisten wohl vermögen an dem Werk, das Gottgetreu der Menschheit widmen will. Capesius zwar werden wir entbehren. Es wird der andern Rüstigkeit wohl nie sein Teil an Wirksamkeit ersetzen können.» Aber Benedictus muss ihn darauf aufmerksam machen, dass auch Johannes – er nennt ihn hier das einzige Mal im vierten Drama «Thomasius» – ausfällt: «Es ist Thomasius noch nicht gerüstet, die Geisteskraft ins Sinnensein zu tragen. So will auch er dem Werke sich entziehn. Es zeigt an ihm sich uns ein Schicksalszeichen; wir alle müssen andres jetzt noch suchen.» Wieder kann ein Mensch dem Rosenkreuzer-Impuls – «Geisteskraft ins Sinnensein zu tragen» – nicht folgen. Dann bleiben wenigstens noch Maria – und Benedictus? Nein, denn «Maria muss Johannes mit sich nehmen, wenn sie vom Geistessein ins Sinnenreich zurück den Weg in Wahrheit finden soll ... Sie kann euch jetzt noch nicht zur Seite stehn» (IV,4). Maria ist – in freier Entscheidung für das Notwendige – an das Schicksal des Johannes gebunden, sie muss ihn begleiten und sich deshalb, als Folge davon, auch von dem «Werk, das Gottgetreu der Menschheit widmen will», bis auf weiteres zurückziehen. Strader bleibt allein. «Was eure Worte sonst auch sagen mögen, mir zeigen sie, dass Einsamkeit mich sucht.» Aber auch hier wird seine Einsamkeit durch Theodora gewendet, indem ihre Seele erscheint und ihm Kraft und Mut gibt.

Die Weltenmitternacht
Fünftes und sechstes Bild

Aus den Mysteriendramen selbst hat sich das Bewusstsein und auch das Wort für die Erfahrung der Weltenmitternacht gebildet und dem vierten Drama seinen Namen gegeben: *Der Seelen Erwachen* – in der Weltenmitternacht. Im Leben zwischen dem Tod und einer neuen Geburt, wenn der «Abstand» zur Erde am größten ist und das Bewusstsein seinen Punkt-Charakter ganz verloren hat und ausgegossen in den Kosmos ist, «schläft» der gewöhnliche Mensch, überwältigt von der Weite und Größe seines Bewusstseins. Aber zugleich hat er wichtigste Erlebnisse: die Verwandlung des abgelebten Seins in das kommende und die damit verbundene Berührung von der tiefsten Seinsschicht der Notwendigkeiten. In diesem Moment «wachen» können, heißt, sich mit den Daseins-Notwendigkeiten «bewusst» zu verbinden und sie dadurch auch zu «wollen». Rudolf Steiner beschreibt das so: «Den Geist der geistigen Welt, der uns erweckt, wir lernen ihn kennen, indem aus der Weltenmitternacht ein neues Licht hervorleuchtet, über unsere verflossene Menschheit erstrahlend … Durch den Heiligen Geist werden wir also in der Weltenmitternacht erweckt.[120] Der Heilige Geist wirkt immer «erdenwärts», so wie die Taube bei der Jordantaufe sich auf den Jesus hernieder gesenkt hat. Wer in der Weltenmitternacht durch den Heiligen Geist *erwacht*, der überschaut seine Vergangenheit und alles, was daraus hervorgeht. Deshalb «will» er auch zur Erde und sie verwandeln und die damit verbundenen Notwendigkeiten mutig tragen. Der Rosenkreuzer-Impuls ist ein Impuls der Weltenmitternacht, in der wachend die Notwendigkeiten in ihrer tiefsten Form erlebt werden. Dann erst hat auf Erden der Satz, den Maria zweimal zu Thomasius spricht, eine Wirklichkeit: «Ob du in Wahrheit oder Irrtum wandelst, du kannst die Aussicht dir stets offen halten, die deine Seele weiterdringen lässt, wenn

---

120 *Inneres Wesen des Menschen und Leben zwischen Tod und neuer Geburt*, GA 153, 13.4.1914.

du Notwendigkeiten mutig trägst, die aus des Geistesreiches Wesen stammen» (III,2; III,9).

Ob der Mensch in der Weltenmitternacht sein Bewusstsein wach halten kann, hängt von seinem vorausgehenden Erdenleben ab. Wenn der Christus-Impuls in ihm lebendig ist, wenn er «in Christo» stirbt, kann ihm der Christus das Seelengeleit und die Bewusstseinskraft im nachtodlichen Leben geben bis hin zur Weltenmitternacht, die dann im Licht des Heiligen Geistes durchlebt werden kann. So gibt Rudolf Steiner dem dritten Teil des Rosenkreuzer-Spruches[121] später die Form, die das Wachen in der Weltenmitternacht ausdrückt: «In des Geistes Weltgedanken erwachet die Seele.»[122]

Wenn die Seele die Weltenmitternacht wachend erlebt, entsteht die weitere Frage, ob sie sich im folgenden Erdenleben daran erinnern kann. Die Krise derer, die dem «Werk, das Gottgetreu der Menschheit widmen will», zunächst nicht weiter dienen können oder wollen, kann nur überwunden werden, wenn sie den Anschluss an ihr Erleben der Weltenmitternacht herstellen in ihrer Erinnerung. Erinnern kann man sich aber nur an das, was man *wach* erlebt hat, und an

---

121 Ex Deo nascimur – in Christo morimur – per Spiritum Sanctum reviviscimus (aus Gott sind wir geboren – in Christus sterben wir – durch den Heiligen Geist auferstehen wir).

122 Die Form, die bei den Templern im zweiten Drama lebte, ist: «Aus Gottessein erstand die Menschenseele – Sie kann in Wesensgründe sterbend tauchen – Sie wird dem Tod dereinst den Geist entbinden» (II,9; IV,6). 1924 gab Rudolf Steiner in Zusammenhang mit der Weihnachtstagung die erwähnte Form: «Aus dem Göttlichen weset die Menschheit – In dem Christus wird Leben der Tod – *In des Geistes Weltgedanken erwachet die Seele.*»

was man sich erinnern *will.* Was die wesentlichen Gestalten in der Weltenmitternacht erleben, ist der Inhalt des fünften und sechsten Bildes. Die letzte Stufe des nachtodlichen Erlebens, noch vor der Weltenmitternachtsstunde als der «Saturnzeit», ist die «Sonnenzeit». Sie kommt im fünften Bild zur Darstellung. Im sechsten Bild verändert sich die Beleuchtung: sie wird «warm und nuanciert, doch nicht zu hell». Es ist Saturnzeit, wenn der Ruf des Hüters ertönt: «Erkennet eure Weltenmitternacht!» Seid bewusste Mitgestalter eures Schicksals – so könnte man diesen Ruf auch deuten. Maria ist dem Wachen am nächsten in der Frage: «Die Weltenmitternacht im Seelenwachen?»

Im ägyptischen Tempel
Siebentes und achtes Bild

Ein wesentlicher Inhalt im Erleben der Weltenmitternacht ist die Überschau über das Gesamt-Karma. Es ist die Rückschau in weit vergangene Leben im Licht der Notwendigkeiten. So ist die Lebensrückschau in das alte Ägypten auch mit der Weltenmitternacht verbunden, die im Dasein zwischen den Inkarnationen im 14. Jahrhundert und der Gegenwart durchgemacht wurde.[123] In der ägyptischen Szene findet sich – so Rudolf Steiner – der Schlüssel für alles Geschehen und alle Szenen in den Mysteriendramen.[124]

---

123 Über die untypisch kurze Zeit zwischen diesen Inkarnationen wird der Zuschauer aufgeklärt in dem Dialog zwischen Maria und Ahriman am Ende der mittelalterlichen Szene (II,11).

124 Hammacher, 2010, S. 569.

Die dort gezeigte Initiation geschieht wieder in einer Wendezeit. Sie führt nicht zum Ziel. Daran sind Menschen in ganz verschiedener Weise beteiligt: der Opferweise hat sich enthalten, im entscheidenden Moment «das Wort zu denken, das nach der Sitte» ihm geboten war. Der Neophyt folgt nicht der Aufforderung des Höchsten Opferweisen: «So lies, du Menschenseele, was die Flamme als Weltenwort im Innern dir verkündet.» Er denkt an anderes. Das wird Maria im Nachklang bewusst, durch Benedictus: Das Wort des Höchsten Opferweisen – «es fand dich nicht zum Folger mir bereit» (IV,9). Das wird der Ausgang für ein tiefes Karma. Und schließlich drängt sich bewusst die junge Ägypterin seelisch in das Geschehen und trägt damit zu seinem Misslingen bei. Vor der Tempelpforte spricht sie: «Verlässt mich *er* in dieser Stunde auch, will *ich* mich doch ganz nah dem Orte halten, in dem er sich dem Geiste anvertraut. Darf ich mit meinen Augen auch nicht schauen, wie er der Erde sich entringen wird, vielleicht lässt Traumes Offenbarung mich im Ahnen geistig jetzt bei ihm verweilen.» Das ist der Ausgang einer «Schuld», auf die Johannes immer wieder verwiesen wird in der wesenhaften Erscheinung des «Geistes von Johannes Jugend». Die Zukunft kündigt sich am Schluss im Sprechen der Sphinxe an. Der Höchste Opferweise erkennt das: «Die Sphinxe sprechen, sie, die Bild nur waren, seit Weise hier den Dienst verrichtet haben. Der Geist, er hat die tote Form ergriffen. O Schicksal, du ertönst als Weltenwort!» Wie eine Vorankündigung des späteren Rosenkreuzer-Impulses ist der Satz: «Der Geist, er hat die tote Form ergriffen.»

Zukunftsimpulse aus dem Erinnern der Weltenmitternacht
Neuntes – zehntes – elftes Bild

Die Verarbeitung des Erlebten geschieht in den folgenden Bildern. Am weitest reichenden ist die Erinnerung Marias an die Weltenmitternacht (neuntes Bild). Sie wird ihr zum sicheren Grund für die Zukunft werden.

Auch die Erinnerung des Johannes an die Weltenmitternacht kann ihm Wesentliches zum Bewusstsein bringen (zehntes Bild). Aber es gibt noch unbewusste Illusionen, die für Luzifer einen Zugang schaffen. Maria begleitet ihn weiter: «Maria, so wie du sie schauen wolltest, ist sie in Welten nicht, wo Wahrheit leuchtet. Mein heilig ernst Gelöbnis strahlet Kraft, die dir erhalten soll, was du errungen.» Wohin das führen wird, ist in diesem Moment noch offen.

Capesius – so spricht Benedictus über ihn – hat im ägyptischen Tempel als Opferweiser tiefste Einsamkeit erfahren. «In seiner Seele keimte so der Trieb nach *Einsamkeit;* es reifte dieser Keim im Zeitenschoß zur Seelenfrucht sich aus. Capesius erlebt die Frucht als Myste; sie trieb ihn, Felix' Vorbild nachzufolgen.»

Auch Strader blickt im Gespräch mit Benedictus in seine Zukunft, nicht erinnernd und doch im Anschluss an die Weltenmitternacht. «Dass jetzt mein Geist nicht flügellahm sich zeige, bedarf ich jener Tapferkeit, von der ihr eben spracht. Ob ich jedoch dazu mich stark genug auch zeigen werde, dies vermag ich nicht zu sagen, denn ich fühle, wie sich die Kraft, die ich entfesseln will, zugleich auch gegen mich verderblich wendet.» Auch bei ihm ist der Weg nach vorne offen.

Straders Tod
Zwölftes – dreizehntes – vierzehntes – fünfzehntes Bild

Der Einzige, der dem Werk des Hilarius noch dienen konnte und wollte, stirbt unerwartet. Wir blicken in die geistigen Hintergründe dieses Todes: Ahriman hat den Versuch gemacht, diese letzte Säule im Werk des Hilarius herauszubrechen durch Zweifel an seiner Erfindung, von der Strader selbst schon im ersten Bild des *Hüters der Schwelle* spricht: «Es ward soeben hoffnungsvoll gesprochen von jenem Werk, das mir gelungen scheint. Zwar muss es noch die Brücke überschreiten, die vom Versuch zur Lebenspraxis führt, doch kann des Kenners Blick bis jetzt nur finden, dass alles technisch möglich sich erweist.» Nun hören wir von Hilarius: «Strader beschwert sich nun mit bittren Zweifelqualen. Ein Mann, der oft mit Klugheit und mit Hass dem Mystenstreben sich entgegenstellte, hat ihm beweisen können, dass er sich mit seinem Mechanismus stark verirrt; dass dieser an sich selbst nicht möglich ist, nicht nur durch äußern Widerstand gehemmt» (IV,13). Das Letzte, das wir von Strader hören, sind einige Zeilen aus einem Abschiedsbrief, geschrieben an Benedictus «da ich zerschmettert fast mich sah» (IV,15). Benedictus liest sie vor – es ist keine klare Zukunft darin erkennbar. Auch Benedictus hat für einen Moment die Erfahrung, dass ihm die eigentliche Botschaft des Strader unzugänglich ist – «Chaos deckt sie mir, Gedankenschleier wirksam webend, zu.» Das ist die Möglichkeit, dass – wieder für einen Moment – Ahriman ihm so nahe wie sonst nie kommen kann: «Jetzt erst erkenn' ich Ahriman, der selbst von hier entflieht, doch seines Wesens Kunde gedankenhaft in meinem Selbst erschafft ...»

So ist nun alles offen. Capesius geht seine eigenen Wege. Um Johannes kämpft Luzifer. Maria ist mit dem Schicksal des Johannes verbunden, Strader mit Zweifeln gestorben. Der Schluss des Dramas zeigt Benedictus allein auf der Bühne. Die Situation gegenüber dem ersten Bild der *Pforte der Einweihung* hat sich vollständig umgekehrt. Dort waren es die vielen Menschen, von denen die Bühne gefüllt und die Handlung getragen wurde. Der Eine («...der Mann, von dem man uns gesagt, dass er die Seele dieses Kreises ist» [I,1]) aber erscheint nur kurz inmitten der Vielen. Jetzt, am Schluss des vierten Dramas, sind die Vielen alle weg – und der Eine allein «füllt» die Bühne und trägt die Handlung. Es scheint wie der Durchgang durch ein Nadelöhr. Man ahnt die Zukunft, in der sich die Bühne allmählich wieder «füllen» wird mit denen, die verwandelt zurückkehren. Der Erste, der auf dieser Bühne erscheinen wird, ist wohl Strader. Im Zwiegespräch mit ihm schließt Benedictus – den Blick in die Zukunft gerichtet:

Du aber, Straders sonnenreife Seele,
Die du durch Stärkung deiner Geisteskräfte
Den Irrtumsboten zum Verschwinden zwangst,
Du wirst als Geistesstern den Freunden leuchten,
Du wirst Marias und Johannes' Sein
Mit deinem Licht in Zukunft stets durchdringen;
So werden sie durch dich noch stärker sich
Zu ihrem Geisteswerke rüsten können
Und sich als Seelenlichtes Offenbarer
Gedankenkräftig auch noch dann bezeugen,
Wenn über vollerwachtes Geistesschauen

Der finstre Ahriman, die Weisheit dämpfend,
Des Chaos Dunkelheit verbreiten will.

* * *

Vier Wochen nach der Uraufführung von *Der Seelen Erwachen* am 22. August 1913 in München hält Rudolf Steiner in Dornach am 20. September 1913 die Ansprache zur Grundsteinlegung des Johannesbaus[125]. Da knüpft er an das letzte Mysteriendrama an, denn ein Jahr später sollte ja in dem Dornacher Bau das fünfte Mysteriendrama seine Uraufführung haben. «Der finstre Ahriman» ist das Wort der Anknüpfung.

«Immer tiefer sank und musste sinken Ahriman. Fühlen wir uns umgeben von den Menschenseelen, in denen erklingt der Sehnsuchtsschrei nach dem Geiste. Fühlen wir aber, meine lieben Schwestern und Brüder, wie bei dem allgemeinen Sehnsuchtsschrei diese Menschenseelen bleiben müssten, weil Ahriman, der finstere Ahriman, das Chaos breitet über die erstrebte Geisteserkenntnis der Welten der höheren Hierarchien … Fühlet dieses, so werdet Ihr Euch zu Eurem Geisteswerk rüsten können und Euch als Geisteslichtes Offenbarer gedankenkräftig auch noch dann bezeugen, wenn über voll erwachter Geistesschau der finstere Ahriman, die Weisheit dämpfend, des Chaos Dunkelheit verbreiten will.»[126]

Das direkte Zitat bildet die Brücke von München nach Dornach – es sind die letzten Worte des Benedictus und sie sprechen von Strader und Ahriman.

---

125 Später «Goetheanum».

126 GA 268, S. 344.

ANHANG

Der Tempel öffnet seine Pforten

Hilarius Gottgetreu	*Rudolf Steiner*
Der Hüter der Schwelle Uraufführung am 24.8.1912	Zur Eröffnung des ersten Goetheanum gelesen durch Marie Steiner am 26.9.192
In jenes Geistes Namen, der den Seelen	In jenes Geistes Namen, der den Seelen
In unserm Weiheorte sich verkündet,	In unsrem Strebensorte sich verkündet,
Erscheinen wir in diesem Augenblicke	Erscheine ich in diesem Augenblicke
Vor Menschen, die bis jetzt nicht hören durften	Vor Menschen, die von jetzt an hören wollen
Das Wort, das hier geheimnisvoll erklingt.	Das Wort, das hier den Seelen ernst erklin
Nicht allen Menschen konnten jene Mächte,	Nicht frühern Zeiten konnten jene Mächte,
Die unsres Erdenwerdens Ziele lenken,	Die unsres Erdenwerdens Ziele lenken,
Im Urbeginn sich lichtvoll offenbaren.	In vollbewusster Art sich offenbaren.
Denn wie im Kinderleibe erst allmählich	Denn wie im Kinderleibe erst allmählich
Die Kräfte reifen müssen und erstarken,	Die Kräfte reifen müssen und erstarken,
Die zu des Wissens Trägern sind bestimmt,	Die zu des Wissens Trägern sind bestimm
So musste sich als Ganzes auch entfalten	So musste sich als Ganzes auch entfalten
Das Menschentum in seinem Erdenlauf.	Das Menschentum in seinem Erdenlauf.
In Dumpfheit lebten erst die Seelentriebe,	In Dumpfheit lebten erst die Seelentriebe,
Die später würdig sich erweisen sollten,	Die später würdig sich erweisen sollten,
Aus hohen Welten Geisteslicht zu schauen.	Aus hohen Welten Geisteslicht zu schauen.
Doch wurden als der Menschen weise Führer	Doch wurden als der Menschen weise Führer
Im Erdbeginn erhabne Geisteswesen	Im Erdbeginn dem Geist ergebne Seelen
Aus höhren Daseinsreichen abgesandt.	Von höhren Daseinsmächten auserwählt.
Sie pflegten in der Mystik Weihestätten	Sie pflegten in des Wissens Strebeorten
Die Geisteskräfte, die geheimnisvoll	Die Geisteskräfte, die Erkenntnisstrahlen

In Seelen sich ergossen, welche nichts
Von ihren hohen Führern wissen konnten.
Und später konnten aus der Menschen Reihen
Die weisen Meister sich die Schüler holen,
Die durch entsagungsvolles Prüfungsleben
Sich reif erwiesen, eingeweiht zu werden
In Mystenziele und in Weisheitslehren.
Und als der ersten Meister Schüler später
Das edle Gut in Würde pflegen konnten,
Da wandten die erhabnen Lehrer sich
Zurück zu ihren eignen Lebenswelten.
Die Götterschüler wählten sich dann Menschen,
Die ihnen folgen durften in der Pflege
Des Geistesschatzes; und so ging es weiter
Von einem Menschheitsalter hin zum andern.
Es sind bis jetzt ja alle Mystenschulen,
Die dies in Wahrheit sind, gerecht entsprungen
Der ersten, die von höhern Geistern stammt.
In Demut pflegen wir an diesem Orte,
Was uns von unsern Vätern übertragen.
Wir werden niemals von Verdiensten sprechen,
Die unsre Ämter uns erwerben ließen;
Allein von Gnade hoher Geistesmächte,
Die schwache Menschen sich zu Mittlern wählen
Und ihnen jene Schätze anvertrauen,
Die in der Seele Geisteslicht entbinden.
Zu diesen Schätzen euch, geliebte Freunde,
Den Zugang zu eröffnen, ist an uns
In dieser Zeit; die Zeichen sind fürwahr
Verheißungsvoll, die sich im Weltenplane
Dem Geistesauge deutlich offenbaren.

In Seelen sandten, die nur dumpf bewusst
Von ihrem Schauen sich durchdringen konnten.
Erst später konnten aus der Menschen Reihen
Die Geistesforscher sich die Schüler holen,
Die durch das willensstarke Prüfungsleben
Sich reif erwiesen, in Bewusstheits Helle
Zum Geisteswissen zielvoll hinzustreben.
Und als der ersten Führer Schüler später
Das edle Gut in Würde pflegen konnten,
Verschwand die unbewusste Führerschaft,
Dass freie Seelen wissend streben durften.
Und freie Seelen wählten sich dann Menschen,
Die ihnen folgen durften in der Pflege
Des Geistesschatzes; und so ging es weiter
Von einem Menschenalter hin zum andern.
Es sind bis jetzt ja alle Wissensstätten,
Die dies in Wahrheit sind, gerecht entsprungen
Der höchsten, die in Geistessphären steht.
In ernstem Suchen streben wir allhier
Nach wahrem Geistes-Menschenerbe hin.
Wir werden niemals von Erkenntnis sprechen,
Die nicht des Geistes eignes Siegel trägt;
Allein vom Lichte aus den Geisteswelten,
Das schauend Menschen sich erschließen kann,
Die sich ihm strebend anvertrauen wollen,
Um ihrer Seele Tiefen zu ergründen.
Zu diesem Lichte würdig hinzustreben,
Das weiset uns der Zeitenwende Ernst
Und ihre Not; die Zeichen sind fürwahr
Bedeutungsschwer, die sich im Weltenplane
Jetzt Geistesaugen deutlich offenbaren.

Im Text zitierte Literatur

1. Johann Wolfgang Goethe, *Wilhelm Meisters Wanderjahre*
2. Johann Wolfgang Goethe, *Faust, eine Tragödie*
3. Johann Wolfgang Goethe, *Unterhaltungen deutscher Ausgewanderten (Das Märchen)*
4. Wilfried Hammacher, *Die Uraufführung der Mysteriendramen von und durch Rudolf Steiner – München 1910 – 1913*, Dornach 2010
5. Diether Lauenstein, *Der Lebenslauf und seine Gesetze*, Stuttgart 1974
6. Hans-Werner Schroeder, *Friedrich Benesch – Leben und Werk*, Stuttgart 2007
7. Rudolf Steiner – Gesamtausgabe
   GA 1
   GA 1 e
   GA 2, *Grundlinien einer Erkenntnistheorie der Goetheschen Weltanschauung*
   GA 4, *Die Philosophie der Freiheit*
   GA 8, *Das Christentum als mystische Tatsache*
   GA 9
   GA 14
   GA 28, *Mein Lebensgang*
   GA 30
   GA 35
   GA 39
   GA 44
   GA 57
   GA 77 b

GA 92
GA 96
GA 125
GA 152
GA 153
GA 157
GA 191
GA 197
GA 233 a
GA 238
GA 257
GA 262
8. Rudolf Steiner, *Briefe Bd. II*, Dornach 1953
9. *Beiträge zur Rudolf Steiner Gesamtausgabe* Nr. 17
Beiträge zur Rudolf Steiner Gesamtausgabe Nr. 36

Weiterführende Literatur (Auswahl)

1. A. Bockemühl: «… das Herz eine Weile in den Kopf hinauffahren lassen.» Rudolf Steiners Märchendichtung, Dornach 2010.
2. W. Hammacher: Kurze Wegleitung durch die Mysteriendramen, Dornach 1995.
3. W. Hammacher: Einführung in Rudolf Steiners Mysteriendramen, Dornach 2009.
4. G. Kacer-Bock: Die Mysteriendramen im Lebensgang Rudolf Steiners. Versuch einer Zusammenschau, Stuttgart 2008.
5. M. Krüger: Mysteriendramatik im Seelenraum, Dornach 2008.